Come utilizzare il vostro computer
senza fatica

Claudio Andreano

Sommario

4

Sbagliando s'impara

a Francesco e Alessandro

INTRODUZIONE

1 Premessa

Ci sono due tipi di persone che frequentano il palcoscenico dell'I.T[1]: quelli che sanno tutto sempre e comunque, e quelli talmente timorosi che chiedono permesso anche per schiacciare il pulsante di accensione. Se appartenete alla prima categoria non avete bisogno di questo manualino, se appartenete alla seconda categoria avreste bisogno di un manuale molto più dettagliato, ma potete provare ad iniziare con questo.

Per tutti gli altri: potreste trovare noiose delle parti, che conoscete già bene, e forse potreste scoprire cose interessanti in altre parti. Per tutti una breve considerazione, non partite battuti, pensando che non ce la farete: milioni di persone nel mondo, meno dotate di voi, utilizzano (o dicono di utilizzare) il PC con molta naturalezza. D'altronde, se l'uso del PC fosse troppo complicato per la media delle persone, Microsoft ® non avrebbe venduto milioni di copie di Office ® e il Computer non sarebbe così diffuso nel mondo del lavoro e a casa.

Ho cercato, dove possibile, di rifuggire dal linguaggio tecnico a beneficio della comprensibilità da parte del maggior numero di persone[2]. Non so se sono riuscito nell'intento di rendere facile e piacevole la lettura di un manuale che, per definizione, è quasi sempre noioso, ma mi sono impegnato per riuscirci.

Confido nella vostra clemenza.
E adesso,…. al lavoro!

---

[1] I.T. sta per Information Technology, parola pomposa per dire Informatica. Il fatto è che l'Informatica non se la fila nessuno, mentre sull'I.T., e sul suo "fratello maggiore" I.C.T., dove "C" sta per Communication e raggruppa tutte le attività inerenti la Telefonia, trasmissione dati e assimilati, bene dicevo sull'ICT i convegni, gli articoli, etc., si sprecano.

[2] Ho precedenti illustri. Leggete Hume.

1.1 Obiettivi

Obiettivo di questo manuale è fornire gli elementi di base per l'utilizzo dei principali software d'ufficio. Saranno pertanto illustrati, in breve, i concetti di base e le principali istruzioni di Windows, Word, Excel e Power Point. Verranno brevemente illustrati anche i programmi di posta elettronica, i programmi di navigazione; saranno dati alcuni cenni utili per la sicurezza del vostro PC.

Infine, saranno indicati alcuni testi specifici sugli argomenti illustrati per chi volesse approfondire temi specifici.

Questo libro è indirizzato a chi non sia del tutto digiuno di informatica e dell'utilizzo di un Personal Computer. Per quelli che trovassero difficoltà nel comprendere le operazioni illustrate, consiglio di procurarsi un buon manuale di inizio, facendovi consigliare dal vostro libraio.

Infine, nei capitoli dedicati ai singoli componenti (Word, Excel, etc.) verranno illustrate solo le opzioni principali e maggiormente utilizzate, e alcune note e curiosità sull'utilizzo, lasciando il compito degli approfondimenti alla letteratura specialistica.

1.2 Come utilizzare questo manuale

Alcuni consigli sull'utilizzo di questo manuale:
- Se conoscete già gli argomenti, anche se non molto bene, allora potete leggere il manuale saltando le parti che non vi interessano e concentrandovi su quelle, per voi, di maggior interesse;
- Se conoscete poco, o per nulla, l'argomento, il consiglio è di sedersi con il manuale davanti ad un computer e provare le operazioni descrittala voi stessi, passo dopo passo.

Quando trovate la notazione **ALT + E**, significa che dovete tenere premuti contemporaneamente il tasto **ALT** e il tasto **E**. In genere queste sequenze di tasti servono per richiamare funzioni particolari di windows oppure dei programmi che stiamo eseguendo.

I tasti maggiormente utilizzati sono il Control (Ctrl), Alt, Alt-Gr, tasto windows e tasto Fn. Il tasto Fn serve solitamente per accedere ad alcune funzioni di base del computer, quali l'attivazione del doppio schermo per consentire la proiezione di slide con un proiettore.

CONCETTI BASE

2 Concetti Base

In questo capitolo saranno illustrati alcuni concetti base del computer, la cui conoscenza può migliorare la comprensione del PC e può aiutare a sfruttarne al meglio le potenzialità.

Se vi interessa solo l'utilizzo degli strumenti di Office, potete tranquillamente passare al capitolo 5 (Word), tuttavia anche una semplice lettura di questa parte iniziale può aiutarvi ad impratichirvi con concetti come Sistema Operativo, Deframmentazione, etc.
Quando noterete un certo rallentamento nelle prestazioni del vostro PC, una lettura di questi primi capitoli potrebbe essere necessaria.

In generale mi atterrò a spiegazioni di massima, senza scendere in dettagli tecnici da addetti ai lavori o da fanatici dell'ultimo aggiornamento Hardware o Software.

2.1 *L'Hardware del computer*

Per Hardware si intendono tutti i componenti del vostro PC, ciò che ne sta all'interno e che lo caratterizza rispetto agli altri. Mega, Byte, Bit, Transfer Rate potrebbero essere termini per voi molto comuni, forse per altri non lo sono abbastanza, per cui ritengo sia meglio spendere qualche parola di approfondimento.

La Piastra Madre (mother board)

Il cuore della nostra macchina è la piastra madre, che in abbinamento con il processore forma la base su cui è impostata tutta l'architettura del PC. La piastra madre è una basetta sulla quale sono riportati tutti i circuiti del computer, e sulla quale sono montati tutti gli altri componenti, tra cui il processore. Poiché attraverso i componenti della piastra vengono trasferiti i dati tra un componente (device) ed un altro, (ad esempio vengono trasferiti i dati dal disco al video, per vedere un film) la velocità di trasferimento dei dati è un parametro piuttosto importante per giudicare la qualità del nostro personal. I dati passano attraverso delle corsie chiamate BUS, e possono viaggiare a velocità differenti in funzione della qualità dei componenti utilizzata. Ormai la distinzione tra BUS a 16 o 32 bit è fuori luogo, in quanto da tempo i BUS sono tutti a 32 bit (EISA, evoluzione del BUS ISA, e il più moderno PCI).

Il Processore

Sulla Piastra Madre il componente di gran lunga più importante è il processore, che è il vero cuore del PC, ma sarebbe sbagliato pensare che basti un processore potentissimo per avere un computer eccezionale, in quanto le prestazioni complessive di un computer sono il frutto delle prestazioni di tutti i componenti: avere un BUS lento, delle memorie non adeguate per velocità e per quantità, etc., limita fortemente le prestazioni del processore. Un po' come montare un motore di formula uno sulla vostra bicicletta (fate una prova e poi raccontatemi).

Il processore, chiamato anche Unità Aritmetico-Logica, svolge le operazioni di trattamento delle informazioni, e le svolge tanto più velocemente quanto più è alto il numero dei megahertz, che indicano la velocità del trattamento dell'informazione nell'unità di tempo. Occorre precisare che le potenze dei processori sono solitamente più che adeguate al normale lavoro d'ufficio, e che il collo di bottiglia è spesso rappresentato dagli altri componenti, quali l'hard disk, le memorie RAM, il BUS di trasferimento dati.

La scheda grafica

I grandi utilizzatori del processore sono oggi le applicazioni grafiche e in particolare i videogiochi. L'architettura dei PC prevede, difatti, che le operazioni di trattamento delle immagini siano demandate ad apposite schede, che vengono appunto chiamate schede grafiche, che sono dei veri e propri mini computer. Un scheda grafica, difatti, ha un proprio processore dedicato, chiamato processore grafico, e una propria memoria di lavoro. Questi due componenti le consentono di elaborare le informazioni grafiche con una velocità impressionante rispetto a quanto potrebbe fare il povero processore del computer, che nel frattempo dovrebbe anche fare dell'altro, e permette, agli appassionati di video giochi, di godere del miglior dettaglio della grafica e di una fluidità di movimento, caratteristica estremamente importante per la giocabilità.

Avrete dunque capito che una scheda grafica serve a elaborare le informazioni che verranno visualizzate sul monitor, e per questo motivo viene anche chiamata scheda video.

Hard Disk

Dopo aver preso conoscenza con la scheda video e il processore, vediamo quali altri diavolerie sono presenti sul nostro computer. All'interno del PC si nasconde un componente importante e delicato, che è la cassaforte delle vostre informazioni: il vostro schedario. Si tratta dell'Hard-Disk.

Interno di un Hard Disk

Non si tratta di un disco per riprodurre musica a "luci rosse", ma di uno "scatolotto" al cui interno vi sono diversi dischi impilati uno sopra l'altro distanziati in modo da permettere alle testine magnetiche le operazioni di lettura e scrittura.

L'Hard Disk è sigillato per impedire che anche il più piccolo granello di polvere possa entrare tra le superfici e le testine, e possa così rovinare i dati o causare rotture accidentali.

La miniaturizzazione dei componenti ha permesso di scrivere più informazioni per cm^2, e gli algoritmi di lettura e scrittura[3] hanno permesso di aumentare la superficie del disco a disposizione dei dati.

Le alte velocità di rotazione dei dischi attuali (dai 5.000 ai 7.200 giri al minuto, ma alcuni dischi ad alte prestazioni raggiungono anche i 15.000 giri al minuto) ne fanno un componente delicato e soggetto ad usura: basta una mossa maldestra sul vostro portatile per rendere illeggibile una porzione di disco. Questo perché quando il disco prende un colpo, le testine, che di solito "volano" sulle facce del disco senza toccarle, atterranno pesantemente sulla superficie del disco, danneggiando (a volte irreparabilmente) il supporto.

Ad un amico è capitato di danneggiare il proprio hard-disk per un colpo dato sul computer in un momento di rabbia: come vedete basta molto poco. Non sono andati persi dati vitali solo perché il disco era stato suddiviso in partizioni logiche (equivale a suddividere il vostro disco, che fisicamente è uno solo, in dischi virtuali, C, D, F, etc.) e l'errore ha riguardato solo la partizione primaria, che conteneva i programmi, e non le altre partizioni, che invece contenevano i dati. In fondo al mio amico è andata abbastanza bene, ma non sempre le cose si risolvono così facilmente.

Inoltre, poiché l'hard disk è l'unica parte in movimento del PC[4], ha la strana abitudine di rompersi dopo un po' di utilizzo. I produttori parlano

---

[3] In breve: il disco viene scritto in cerchi concentrici; come si può facilmente capire un "cerchio" di dati vicino all'asse di rotazione è estremamente più piccolo di quello posto al bordo del disco, per cui si rendono necessari dei software che compensino questa differenza.

di ciclo di vita dell'hard disk, che in condizioni normali può arrivare alle 10.000 ore di utilizzo. Ma non è raro che un disco si rompa dopo due / tre anni di utilizzo, anche se non molto intenso.

Alcuni Hard disk hanno un sistema di controllo che avverte l'utente che il disco sta per rompersi, ma purtroppo, come per le grandi catastrofi dell'umanità che avvengono un po' quando gli pare a loro, non è in grado di dirvi il giorno e l'ora esatta della rottura definitiva.

Per tutte queste ragioni, oltre che per gli attacchi dei virus, è fortemente consigliato eseguire back-up (copie) dei dati importanti con estrema costanza. Perdere informazioni sedimentate in anni di lavoro può essere peggio che trovare la sera il biglietto di vostra moglie (marito) che vi avverte che è partita per la Patagonia col vostro migliore amico e non tornerà per cena (e per alcuni potrebbe essere un'ottima notizia).

Controller

Il vostro Hard Disk deve essere connesso con i componenti del computer. La sua enorme memoria viene richiamata ed utilizzata in continuazione; per gestire l'enorme traffico di dati si utilizza un dispositivo chiamato controller.

Il controller si presenta, almeno nei computer da tavolo, come una scheda inserita in uno degli slot liberi del vostro computer, ma può anche essere integrato nella scheda madre, e certamente lo è nei PC portatili. Ad un solo controller è possibile, solitamente, attaccare più device: due hard-disk, una unità floppy, un lettore CD, etc., penserà il controller a gestire il flusso di dati da/verso ciascun dispositivo.

L'interfaccia utilizzata (in parole semplici, le modalità con cui vengono scambiate le informazioni) è stata per anni la IDE (Integrated Device Electronics), soppiantata recentemente dalla EIDE (dove E sta per Enhanced = Avanzata). Gradatamente sta prendendo spazio l'interfaccia ATA o, ancora meglio, la Serial ATA. La differenza sostanziale tra queste interfacce è data dalla velocità di trasferimento dei dati, le ultime che ho citato sono più veloci, e dal tipo di connettore utilizzato, per cui se avete un controller EIDE non riuscirete ad utilizzare un hard disk

---

[4] Anche i lettori di floppy e di CD/DVD sono soggetti ad usura, ma l'hard-disk è sempre in movimento, e dunque ha un ciclo di vita decisamente più breve.

SATA. Sembra facile, ma ho amici esperti di computer che hanno dovuto vendersi privatamente l'incauto acquisto e ricomprare il disco con l'interfaccia corretta (o il controller nuovo).

RAM

Infine, abbiamo la RAM (Random Access Memory) che è la memoria operativa del computer, quella che viene utilizzata dal processore per leggervi gli input e scrivervi gli output una volta elaborate le informazioni.
Tutti i computer hanno bisogno di una memoria centrale, o RAM.

Un tempo dette memorie erano composte da anellini di ferrite, che venivano polarizzate opportunamente con un intreccio di fili elettrici (ne passavano 4 in ogni anellino). Era un sistema molto dispendioso, sia per l'energia necessaria, sia per gli spazi utilizzati. Ricordo armadi che occupavano intere stanze, per avere a disposizione un centesimo della memoria che oggi è installata in un moderno computer. Per fortuna non è più così: oggi con alcune barrette di memoria si può arrivare tranquillamente ad avere svariati GB di memoria a disposizione.

Se il vostro computer vi sembra lento, un modo per renderlo più veloce è certamente quello di regalargli un bel "banco" di memoria aggiuntiva: conservare le informazioni direttamente nella memoria RAM anziché doverle recuperare sull'hard disk, rende il sistema molto più performante.

Non vi annoio con altri dati tecnici, ma sappiate che anche le memorie utilizzano il BUS della piastra madre per lo scambio di informazioni, e che anche loro hanno delle velocità di utilizzo e di risposta. In genere le memorie sono un po' più lente del processore, e questo può causare dei tempi di attesa, che vengono tecnicamente risolti utilizzando dei buffer di memoria (memorie di "appoggio" dei dati) interni al Processore, e chiamati cache memory, per sveltire le operazioni.

Quando il processore ha esaurito tutte le risorse di memoria disponibili, allora utilizza una porzione di disco fisso invece della RAM. Ora è comprensibile che la velocità di accesso ad una memoria "virtuale" di appoggio residente sul disco fisso sia decisamente maggiore rispetto alla velocità di accesso alla RAM o alla cache memory. Questo è il motivo per cui è consigliabile avere a disposizione molta memoria RAM: per non costringere il processore ad utilizzare degli "**swap file**" (le aree di memoria su disco fisso), che ne rallentano le prestazioni.

Prima di comperare un banco di memoria aggiuntivo, informatevi (leggete il libretto della vostra piastra madre, fatevi consigliare dal venditore o da un amico esperto) sul tipo di memoria supportato, dato che di memorie ne esistono di diversi tipi e formati, e non tutte sono pienamente compatibili tra loro.

Inoltre, state ben attenti quando toccate i componenti del PC con le mani: una scarica elettro-statica può danneggiare le memorie. In genere è consigliabile toccare con le mani un pezzo di ferro (basta lo chassis del computer) per scaricare l'elettricità statica di cui potremmo essere carichi. Ovviamente avrete spento il computer e staccato il cavo dell'alimentazione.

Fine del tour

Abbiamo visto i componenti base del computer. Per ulteriori dettagli sull'hardware consultate manuali specifici. Non vi ho parlato degli altri dispositivi presenti sul PC, in quanto i principi di funzionamento sono simili a quelli già illustrati, e il loro utilizzo di solito è estremamente intuitivo.

Parliamo di porte USB, lettore di CD / DVD, masterizzatore, etc. Quello che cambia, in taluni dispositivi, è la velocità di trasferimento dei dati, o la capacità di memorizzazione.

Le porte USB, poi, permettono di collegare altri dispositivi, quali Web-Cam (sono le piccole telecamere che mettiamo sul PC), microfono, dischi esterni, masterizzatori esterni, telefono (usato in combinazione con Skype o software analoghi), etc. In genere tali dispositivi vengono riconosciuti automaticamente dal nostro PC, e sono pronti per l'uso senza nessuna operazione di installazione. Altri richiedono l'installazione dei driver opportuni, operazione comunque molto semplice da eseguire.

23

2.2   Il Bios

Il BIOS (Basic Input Output System) è il primo sistema ad essere richiamato all'accensione del Computer, e contiene le informazioni di base sulla configurazione del proprio PC: è nel BIOS che abbiamo le informazioni riguardanti il numero e il tipo di dispositivi (device) collegati.

Il BIOS[5] è ospitato su di una **EPROM**, che è un tipo particolare di memoria che viene appunto utilizzato per ospitare il BIOS, e che ha la particolarità di poter essere programmato con un set contenuto di istruzioni.

Quando il PC carica il BIOS all'accensione, è un po' come quando ci svegliamo al mattino: un attimo prima non sappiamo nemmeno chi siamo, poi prendiamo conoscenza (più o meno lentamente, dipende dal metabolismo), e siamo pronti per una nuova giornata di esaltanti avventure. E' il BIOS che permette al PC di sapere quanti Hard Disk sono presenti sul PC, quante unità CD / DVD, unità Floppy, scheda video, etc., dando per ciascun componente le indicazioni sul tipo e sulle proprietà del hardware installato: insomma diamo al PC le informazioni relative a tutti i dispositivi che sono presenti e installati.

Dal nostro punto di vista quello che dobbiamo sapere è che a volte può essere importante accedere al BIOS per modificare alcune impostazioni del PC: ad esempio può essere utile modificare l'ordine con cui il PC utilizza le unità per fare lo Start-Up[6], operazione estremamente utile quando, ad esempio, il PC è infetto e si vuole lanciare un antivirus da CD, oppure quando dobbiamo cambiare / aggiungere una unità disco.

---

[5] Potete leggerlo bios, come in italiano, oppure all'americana **baios**. Io preferisco pronunciarlo bios anche perché l'acronimo fa volutamente riferimento alla vita, e il bios è un po' come se desse vita al computer.

[6] In genere il vostro computer ha un ordine predefinito nel cercare il sistema operativo. Inizia a cercarlo su di una unità removibile (un tempo i floppy-disk, oggi una chiavetta USB o sull'unità CD/DVD), e quindi passa a cercare i file di sistema sul disco fisso (in genere il disco "C"). Questo perché, nel caso il vostro hard disk si rompesse, potete sempre far ripartire il PC da una unità esterna e tentare di ripristinare l'hard-disk, o almeno di recuperare i dati importanti.

2.3   Definizioni

Daremo ora alcune definizioni importanti per la comprensione dei processi interni di funzionamento del PC. L'utilizzatore medio troverà queste definizioni di scarsa importanza, e potrà tranquillamente ignorarle; per usare Word ed Excel non è importante conoscere le definizioni che verranno illustrate di seguito né l'hardware di un computer più di quanto non sia indispensabile conoscere le tre leggi della termodinamica per guidare un mezzo con motore a combustione interna. Il vero smanettone[7], invece, le troverà superficiali, e le salterà comunque.

---

[7] Lo smanettone è una categoria ben precisa di utenti del PC. Solitamente sono quegli amici che ti piombano in casa con l'aria eccitata e prima ancora di togliersi la giacca sono già seduti sul tuo PC per installarti un nuovo (in)utilissimo programma. Che gratificherà il suo io, ma che voi maledirete per un mese, il tempo necessario a riprendere il controllo del vostro mezzo, prima che l'ineffabile ritorni di nuovo da voi con l'ultima novità. In genere lo smanettone fa vita solitaria, preso com'è dalla tecnologia: si chiude nel proprio antro e continua a provare ogni cosa nuova gli capiti a tiro. Ho degli amici a cui le mogli hanno pronunciato la fatidica frase: devi scegliere o lui (il computer) o me! Alcuni hanno scelto lui (il PC).

Bit	E' la più piccola unità di informazione indirizzabile (raggiungibile) dal PC. Può assumere solo i valori 1 o 0.
Byte	Un byte è composto da otto bit. La tabella ASCII, utilizzando la codifica a otto bit, può rappresentare tutti i caratteri dell'alfabeto, i numeri, i segni di interpunzione, simboli, etc.
KiloByte o KByte	1024 Byte. In genere si parla di "un K", omettendo il termine byte. Un documento Word può occupare alcune decine di K; se complesso (un manuale, una tesi) anche diverse centinaia o più, soprattutto se sono presenti foto o immagini.
MegaByte (MB)	1024 Kilobyte, (oltre un milione di byte). Un Floppy disk può contenere 1,44 MB, un CD 650 o 700 MB secondo il tipo di supporto utilizzato. Un file mp3 medio è di circa 5MB, un filmato in Dvix o Xvid è generalmente compresso all'interno dei 700 MB e consente di vedere un Film in Digitale con una discreta qualità.
GigaByte (GB)	1024 MB. Gli odierni Hard Disk dei PC possono contenere 40 / 60 GB, ma arrivano anche a 250 GB e oltre. Un supporto per DVD a singolo strato può ospitare un filmato fino a 4,7 GB, se a doppio strato arriva a 8,5 GB. Un DVD a singolo strato può ospitare l'equivalente di 6/7 CD audio originali, oppure alcuna migliaia di audio mp3, oppure centinaia di fotografie digitali in alta risoluzione.
TeraByte	1024 GB. Unità di misura utilizzata nelle sale computer, dove si hanno dei rack (mobiletti) contenenti molte unità disco, spesso governate da un PC dedicato. Generalmente sono i Provider internet o le società di servizi ad aver bisogno di grandi disponibilità di spazio su disco.

CONFIGURAZIONE DEL COMPUTER

3 Configurazione del Computer

Prima di iniziare penso sia opportuno dare alcuni consigli per la messa a punto del proprio personal computer. Nei prossimi capitoli faremo alcune brevi considerazioni sull'utilizzo dei software che di solito troviamo installati (o installiamo noi stessi) e sulle impostazioni generali che sarebbe meglio attivare da subito.

Quando acquistiamo il nostro computer, spesso lo portiamo a casa con Windows "precaricato", i driver della scheda video pronti all'uso, e alcuni software già installati e funzionanti. Una bella fortuna, che fa risparmiare alcune ore di lavoro, che però potrebbe limitare le prestazioni del computer. Se poi, nel corso degli anni, abbiamo continuato a installare (e disinstallare) diversi software, driver aggiuntivi, etc., il nostro computer potrebbe mostrare segni di rallentamento nell'utilizzo usuale.
Le raccomandazioni che seguono sono di carattere generale, ma possono aiutarvi ad ottenere il meglio, compatibilmente con le caratteristiche hardware del vostro personal.

3.1 Impostazioni generali

I suggerimenti che seguono sono di carattere generale e rasentano l'ovvietà, tuttavia poiché spesso, nei corsi, mi vengono fatte domande sulla lentezza del PC, sul poco spazio di memoria a disposizione, etc., penso che alcune indicazioni siano sicuramente gradite. Se invece vi sentite già sufficientemente informati sull'argomento, potete sempre saltare al capitolo 4.

Quando il computer mostra segni di evidente rallentamento in fase di start-up (cioè quando lo accendete restate spesso molti minuti ad aspettare che il sistema sia disponibile), le cause più comuni sono: evidente deframmentazione del vostro disco rigido, troppo programmi caricati al momento dell'avvio, troppo poco spazio disponibile sul disco e, in ultima analisi, forse anche un virus, o una serie di programmi spia che minano l'efficienza del vostro personal.

Alcuni suggerimenti sugli antivirus potrete trovarli nel capitolo 10 sulla sicurezza informatica e nella bibliografia consigliata. Per fare pulizia, invece, vediamo cosa offre Windows, tenendo sempre ben presente che è possibile trovare strumenti alternativi altrettanto validi.

3.1.1   Pulizia del disco fisso (Hard Disk)

La prima cosa che potete fare è fare un po' di pulizia sul vostro disco fisso. Potete attivare le funzioni standard di Windows, come vedremo tra poco, ma prima sarà meglio cercare noi stessi sul disco fisso i programmi che non utilizziamo più o che non abbiamo mai utilizzato, i file che non usiamo da troppo tempo (mp3, documenti word, PDF, etc.) che potranno eventualmente essere salvati su un DVD riscrivibile, etc. Questa operazione andrà fatta con una certa prudenza, soprattutto se cancellerete i file obsoleti, file di configurazione, etc.

Quindi possiamo procedere utilizzando l'opzione di pulizia del PC, che come mostrato in figura, è richiamabile dal menù **start – tutti i programmi – accessori – utilità di sistema**. All'interno di questo box si trova la funzione pulizia disco, che permette di cancellare i file presenti nel cestino, alcuni file temporanei, etc.

Come utilizzare il vostro computer senza fatica

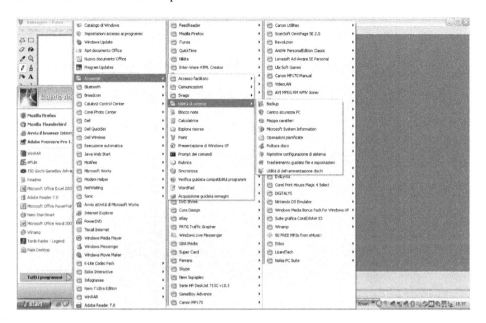

Da notare che la maggior parte dei file temporanei, i cookies, etc., dovrete toglierli voi stessi.

Attivata la funzione, comparirà una finestra di dialogo che vi avverte che si stanno cercando i file da eliminare, quindi una seconda finestra vi mostrerà il risultato della ricerca, mostrando una serie di caselle che potranno essere spuntate o meno, in funzione dello spazio che vorrete liberare e dei file che volete cancellare.

31

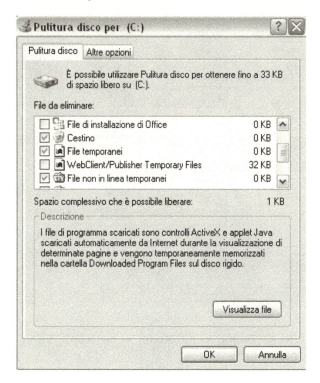

Andando sul tab (in alto) **altre opzioni**, potrete cancellare i file dell'installazione di Windows, i programmi inutilizzati (quelli che da troppo tempo non toccate), e i file delle configurazioni di ripristino del sistema. Tuttavia prima di procedere con queste opzioni dovete esserne ben certi. Eliminare punti di ripristino[8] può costare caro. Potrebbe succedere che l'ultimo punto di ripristino non funzioni e vi maledirete di aver cancellato tutti i punti di ripristino precedenti.
Confermando la scelta (OK) si procede con la cancellazione.

---

[8] Può capitare che il vostro sistema diventi instabile. Potrebbe essere una configurazione errata, in genere causata da una installazione recente. Disinstallare il software a volte non basta, occorre ripristinare il sistema allo stato precedente. Per questo Windows crea dei punti di ripristino, che possono essere utilizzati in seguito per recuperare una situazione di instabilità e ripristinare i file di sistema.

3.1.2 Rimozione dei programmi allo start-up del sistema

Come seconda opzione, cercheremo i prodotti che vengono caricati automaticamente allo start-up del sistema. Troppo spesso, infatti, non vengono lette le istruzioni di installazione, ma ancora più spesso le aziende produttrici non evidenziano opportunamente il comportamento, in fase di installazione, dei loro software. Questo comporta, in fase di avvio, il caricamento in memoria di molti programmi, che spesso non vengono utilizzati. Rimuovere i programmi da questo menù non elimina i programmi dal PC, ma evita semplicemente che vengano inutilmente caricati in memoria.

Detto questo, per eliminare i software indesiderati procederemo così: dal menù start, selezioneremo tutti i programmi; dall'elenco completo dei programmi sceglieremo esecuzione automatica, come illustrato nella figura sottostante.

Nell'esempio illustrato ci sono tre programmi in esecuzione automatica, ma a volte possono essere molti di più. Questi programmi vengono attivati sempre, ad ogni ripartenza del PC, dunque ovviamente rallentano la fase di partenza, ma rallentano anche l'esecuzione degli altri programmi. Dunque eliminate, da questa casella, tutti i software non strettamente necessari al funzionamento del vostro PC, tenendo conto che potete sempre far partire i software solo nel momento di effettivo bisogno. Per procedere con l'eliminazione basterà posizionarsi su ciascun programma e selezionare elimina dal box che comparirà azionando il tasto destro del mouse.
Si ribadisce che il programma non verrà eliminato dal PC, ma solo dall'esecuzione automatica.

Un'altra opzione interessante consiste nell'agire sulle opzioni di start-up, tuttavia consiglio di fare un'estrema attenzione a questa opzione, dato che un'errata cancellazione può produrre la mancata ripartenza del vostro PC. In questo caso o siete sufficientemente preparati per potervela cavare da soli (cosa non molto difficile, ma che richiede comunque una certa conoscenza del sistema) o siete nelle condizioni di dover chiedere aiuto a qualcuno[9].

Per modificare le opzioni di avvio, dovete andare sul menù **start**, scegliere l'opzione **<u>esegui</u>** e digitare **msconfig**, quindi digitare il bottone OK.

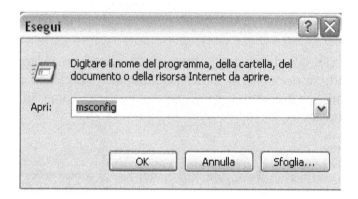

Comparirà la maschera seguente, dalla quale potremo operare le scelte dai tab **avvio** e **strumenti**.

---

[9] Se avete fatto una "pulizia" talmente profonda che il vostro PC non è più in grado di ripartire, la soluzione consiste, in genere, nel riavviare il sistema con un CD di ripristino, ripristinare le opzioni che abbiamo inibito e rieseguire lo start-up del sistema. Detta così è facile, ma come ben sapete per esperienza, nulla è mai scontato.

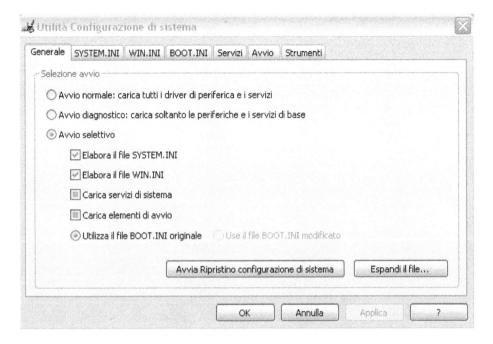

Dal tab avvio (in alto, nella figura precedente. E' il sesto tab da sinistra) si potranno selezionare o meno i componenti che non vogliamo avviare in modo automatico. Come si può vedere nella figura, alcuni componenti sono selezionati e altri no, in funzione dell'utilizzo. Ad esempio è selezionato il componente per la gestione del bluetooth, mentre è deselezionato elbycheck, che viene utilizzato dal software CloneCD.

Immagino già la domanda: come posso sapere quali componenti attivare e quali disattivare? In effetti questo è un po' più difficile: se li deselezionate tutti correte il rischio che il vostro PC non parta proprio o non funzioni perfettamente, e questo può essere molto spiacevole. Il consiglio è guardare attentamente la colonna **comando** e quella **percorso**. Se trovate i riferimenti corretti potete immaginare da soli quale sia il software di riferimento, e decidere se si tratti di un software utilizzato spesso o meno.

Se trovate riferimenti ignoti o misteriosi, potrebbe trattarsi di qualche componente che si è intromesso nel sistema a vostra insaputa: provate a toglierlo e verificate il funzionamento del vostro PC.

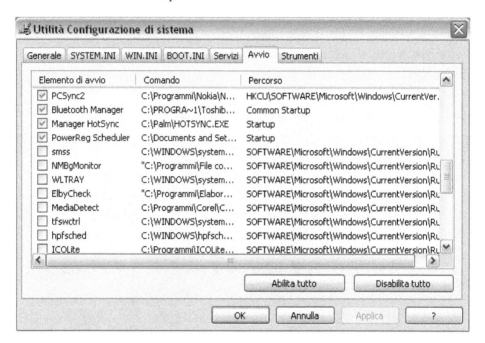

Nel tab Servizi trovate i servizi che Windows attiva in partenza. Anche qui, con le dovute cautele, potete attivare o disattivare i servizi che ritenete, utilizzando le stesse precauzioni già descritte in precedenza.

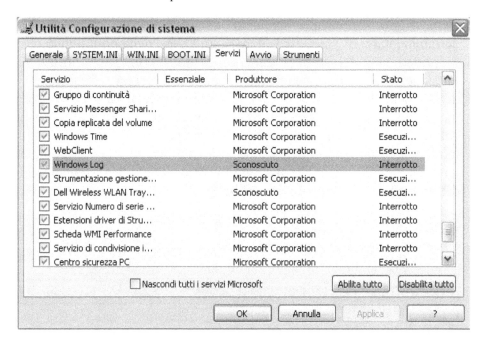

Non ho consigli da darvi, ma posso suggerirvi che il fatto che il produttore del servizio sia Microsoft Corporation non è una garanzia che il servizio sia fondamentale per l'utilizzo del computer. Molti servizi vengono richiamati raramente, e dunque possono essere attivati nelle rare occasioni in cui il loro utilizzo è strettamente necessario.

3.1.3   Deframmentazione del disco.

Abbiamo già visto come sia possibile procedere alla pulizia del disco. Dallo stesso menù è possibile accedere alla funzione di deframmentazione. La deframmentazione si rende necessaria perché, quando scriviamo un file, il sistema operativo non ha sempre a disposizione lo spazio in modo contiguo, di conseguenza è costretto a spezzettare il nostro file in parti più piccole, gestendo ovviamente la concatenazione tra i vari frammenti. Dopo un certo periodo d'uso, però, la frammentazione può essere particolarmente evidente e produce un generale rallentamento delle prestazioni del PC.

Nella figura sottostante abbiamo un esempio di unità disco da deframmentare. E' possibile vedere la situazione della nostra unità disco, e decidere se è il caso di procedere o meno. Il consiglio è utilizzare la funzione di deframmentazione con una certa frequenza: la deframmentazione di una unità molto deframmentata è una operazione molto lunga, che può tenerci bloccati anche per molte ore e che può valere la pena di far eseguire nelle ore notturne.

Inoltre, per una deframmentazione ottimale, occorre che vi sia almeno un buon 15% di spazio libero sul disco. Percentuali minori renderanno la deframmentazione lenta o impossibile da avviare.

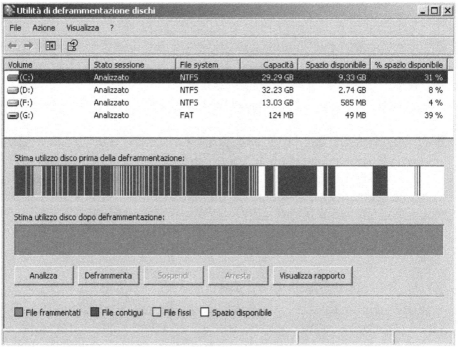

Analisi del disco C e situazione della frammentazione dei file.

Esistono prodotti alternativi a questo, che fa parte della dotazione di Windows, ma per mia esperienza non ho notato variazioni significative tra questo ed altri prodotto. Diverso è il discorso se utilizziamo dei veri e propri tool di gestione del disco, che aiutano non solo nella deframmentazione del disco, ma anche in operazioni di messa a punto del disco.

Parte Prima: WINDOWS e il Sistema Operativo

4 WINDOWS

4 Windows

Windows è un Sistema Operativo (vedi glossario), è cioè un software che consente l'utilizzo di tutti i componenti del computer (stampanti, fax, scanner, video, mouse, etc.) e di tutti i software predisposti per l'ambiente Windows.

Windows gestisce l'utilizzo di ulteriori dispositivi non facenti parte dell'uso normale. Abbiamo, tra questi, i dispositivi bluetooth, infrarossi, scanner, fotocamere digitali, telefonini, dispositivi musicali (Ipod e Zen, ad esempio).

Nelle nuove versioni di Windows abbiamo una funzione chiamata "Plug and Play", che consente a Windows di individuare molte delle periferiche nel momento che vengono connesse al nostro PC. Per le periferiche non individuate automaticamente da Windows dobbiamo ricorrere all'utilizzo dei driver che spesso vengono dati insieme alla periferica stessa, oppure dobbiamo scaricare da Internet gli aggiornamenti necessari, ma in ogni caso, Windows vi guiderà nella procedura di installazione fino alla conclusione dell'operazione.

4.1 Concetti Base

Windows è un sistema che consente l'esecuzione di più programmi contemporaneamente. Tale modalità è nota con il nome di multi-tasking. Tuttavia i puristi sostengono che Windows non sia un vero sistema multi-tasking.
Ma cosa significa esattamente Multitasking? Si tratta della capacità del sistema operativo di eseguire più compiti (task) contemporaneamente: es. guardare un film dal lettore DVD mentre contemporaneamente stampiamo un documento, spediamo delle e-mail, stiamo scaricando l'aggiornamento da Internet del documento: "come eliminare il collega indesiderato senza lasciare tracce".

In effetti con le vecchie versioni di Windows (es. la mitica 3.11) tutto questo era non era realmente possibile: se si iniziava la formattazione di un floppy disk mentre era in corso una stampa, quest'ultima si fermava e iniziava a procedere a strappi.

Con le ultime versioni, un po' grazie al miglioramento dei software, un po' grazie alle enormi potenzialità di calcolo dell'hardware, la situazione è radicalmente diversa, e i moderni sistemi sono a tutti gli effetti dei veri sistemi multitasking.

4.2   Panoramica delle applicazioni di Windows

In Windows sono presenti, al momento dell'installazione, una serie di programmi standard, che consentono l'utilizzo del PC e la sua configurazione e gestione. Inoltre è possibile installare altri software per le proprie esigenze (dal word-processor al software per l'editing audio-video).

Per l'utilizzo d'ufficio, in genere vengono utilizzati software per la videoscrittura (Word), per l'utilizzo di dati e tabelle (Excel, Access), per la costruzione di presentazioni (Power Point), per la preparazione di manuali, inviti, manifesti, locandine (Publisher), per l'utilizzo della posta elettronica (Outlook, Eudora, Thunderbird), per la navigazione su Internet (Opera, Explorer, FireFox), etc.

Questi software sono venduti a parte, o sono scaricabili gratuitamente, e devono quindi essere installati separatamente dopo l'installazione di Windows.

E' poi possibile utilizzare altri prodotti, che andranno anch'essi acquistati / acquisiti separatamente da Windows.

Infine, ma non meno importanti, sono i software per la sicurezza del PC, importanti nell'uso comune, ma importantissimi quando, per lavoro, studio o divertimento, si passa all'utilizzo di Internet. Andranno installati un buon anti-virus, che dovrà essere costantemente aggiornato, un anti spyware e un firewall. L'insieme di questi tre prodotti, accompagnati da una attenta gestione del PC, potranno salvaguardarci dagli attacchi anche più decisi. Di questi aspetti si parlerà più diffusamente nel cap.10.

4.3   L'Interfaccia Windows

Windows, una volta installato, si presenta con una schermata come quella indicata nella figura sottostante. Questa è la "scrivania" di Windows, o in termine tecnico, Desktop.
Sul Desktop sono presenti le principali utilità (programmi di utilità) e, una volta installati, i nostri software di uso comune.

Il Desktop di Windows

Sul desktop (o scrivania, in italiano) sono visibili le Icone dei programmi (o delle cartelle) che possono essere richiamati immediatamente. Gli altri programmi possono essere richiamati dal tasto START, visibile in basso a sinistra.

4.3.1   Task Manager

Ogni programma richiamato è ospitato in una "finestra", da cui il nome Windows. Ogni finestra rappresenta una attività (task) del Computer, a cui il sistema assegna delle risorse di memoria e di elaborazione. Possono convivere contemporaneamente più task attivi sul PC, ma poiché ogni Task usa delle risorse, troppi Task aperti contemporaneamente degradano le prestazioni, per cui diventa importante non aprire nuovi task, o chiudere, le finestre aperte non utilizzate.

E' possibile verificare i task attivi da "Task Manager", che si richiama premendo contemporaneamente i tasti CTRL + ALT + DEL (o Canc in Italiano), e selezionando il bottone relativo. Sarà possibile visualizzare i programmi attivi, i processi attivi e l'utilizzo delle risorse del nostro PC.

Se una "Finestra" non risponde più ai nostri comandi, ad esempio, sarà possibile terminarla selezionandola e agendo sul bottone "Termina Operazione"; occorrerà poi confermare la scelta nella successiva richiesta del sistema. Nella figura seguente è possibile vedere come appare la finestra del Task Manager, con le applicazioni attive al momento della attivazione. E' possibile notare come, a fronte di sole tre Finestre attive, i processi attivi siano 38, come appare nel box in fondo a sinistra.

Task Manager.

Dal Task Manager è possibile anche verificare i processi attualmente attivi (Linguetta "processi", visibile in alto sulla finestra) e forzarne la chiusura. Questa operazione, tuttavia, rappresenta un rischio potenziale di perdita delle informazioni e/o di chiusura improvvisa di Windows se il processo che si chiude è un processo "vitale" per Windows. Pertanto chiudete solo i processi di cui siete assolutamente sicuri, o fatevi consigliare da un esperto.

Infine possiamo verificare le attuali prestazioni del PC utilizzando la Linguetta "Prestazioni", che mostra, attraverso degli indicatori, l'utilizzo del processore e la memoria globalmente allocata.

4.3.2 Pannello di Controllo

Dal Pannello di controllo è possibile eseguire molte delle operazioni fondamentali per il governo del PC. Ciascuna delle icone presenti sul Pannello di Controllo presiede importanti funzioni di governo del computer; vediamo ora almeno le principali.

Per attivare il Pannello di Controllo occorre digitare START e selezionare la voce relativa. Apparirà il pannello, che si presenta come nella foto sottostante.

Pannello di controllo.

Per **installare e rimuovere** le applicazioni è possibile inserire il CD nell'unità e seguire le indicazioni date dal software di installazione, oppure utilizzare la procedura prevista da Windows per l'installazione.

Dal Pannello di Controllo è altresì possibile installare nuovi driver e nuovi dispositivi (Installazione Hardware), gestire le connessioni di rete, etc.

48

In particolare è possibile gestire i livelli di sicurezza Internet (Opzioni Internet), che consentiranno di essere meno aggredibili sulla rete, gestire il video (Schermo) impostandone le opzioni, gestire le stampanti (gestione Stampanti e Fax), e gli strumenti di amministrazione, che consentiranno, ai più esperti, di destreggiarsi in una messa a punto ottimale del PC.

Tuttavia occorre anche precisare che diverse delle funzioni presenti sul pannello di controllo possono essere svolte anche da programmi di terze parti[10], e che molto spesso questi programmi sono di gran lunga più efficienti di quelli che vengono dati in dotazione con Windows. Questo vale soprattutto per i sistemi di protezione dai Virus, ma di questi ne riparleremo lungamente, e dei sistemi di gestione dei dischi fissi.

In generale non c'è quasi nulla di irreparabile se si effettuano scelte sbagliate, a patto di avere a disposizione una copia di salvataggio dei dati e dei programmi di maggior interesse. Capita, anche ai più esperti, di passare un intero week-end a ripristinare una situazione di lavoro accettabile per aver dato troppo frettolosamente un comando sbagliato. Dunque fate sempre molta attenzione, e sappiate che qualunque disastro riuscite a fare, qualcun altro prima di voi c'è già riuscito, e probabilmente è anche riuscito a fare di meglio.

4.3.3 La barra delle applicazioni

La barra delle applicazioni è quella che potete vedere in basso (o da un lato, secondo le preferenze impostate sul vostro PC), in cui è visibile il pulsante START, le icone delle principali applicazioni richiamabili immediatamente, e i task attivi (programmi).

Barra delle applicazioni.

---

[10] Si definiscono terze parti i produttori di software diversi dal produttore del sistema principale. In questo caso Microsoft.

Selezionando il pulsante **START** dalla Barra delle applicazioni, è possibile accedere ai principali programmi di Windows, con la limitazione che (così è, se vi pare) vedrete principalmente i programmi che Microsoft ha intenzione di farvi vedere. L'ordine in cui vengono presentati i programmi di questo menù, difatti, variano in continuazione in funzione di quanto vengono utilizzati. Quelli più utilizzati vengono presentati più in alto, quelli meno utilizzati in basso, in una sorta di Hit Parade dell'utilizzo. Questo comportamento sembra un aiuto, ma spesso non lo è e costringe l'utente a ricerche affannose.

Dal menù Start è possibile accedere al pannello di controllo, già descritto in precedenza, ed alle utilissime funzioni "Cerca" ed "Esegui". La prima funzione (CERCA) serve per cercare un file all'interno delle risorse del computer, cosa che capita più spesso di quanto non si riesca ad immaginare. Nonostante tutta la buona volontà arriva sempre il momento in cui ci si pone la domanda: "ma dove l'avrò messo?". La funzione di ricerca consente di trovare all'interno delle risorse del computer (dischi fissi, unità esterne, etc.) il file misteriosamente scomparso digitandone anche solo un piccolo riferimento. Così effettuando una ricerca di *doc*.* verranno trovati tutti i file al cui interno c'è "doc": doc_test.xls, Elenco_documenti.ppt, etc.
La seconda funzione (Esegui) permette di eseguire un programma. Spesso si utilizza per accedere direttamente a programmi di utilità (come Regedit, ma fate attenzione ad utilizzarlo), o per lanciare l'installazione di programmi nuovi, digitandone il percorso completo.

4.3.4   Opzioni internet
Da questo menù è possibile accedere alle impostazioni Internet. Come è possibile vedere dalla figura seguente, le scelte possibili sono molteplici. Sulla prima linguetta abbiamo le impostazioni generali, che permettono, tra le altre cose, di eliminare i cookies[11] (biscottini) presenti, di svuotare

---

[11] I cookies sono piccole porzioni di codice che vengono registrate sul vostro computer durante la navigazione su Internet. In genere lo scopo è di facilitare la navigazione. Ad esempio in un coockie vengono registrate username e password per non doverle

la cronologia (importante per la privacy), e di accedere ad altre funzionalità.

La linguetta più importante, però, è quella relativa alle impostazioni di protezione, che consentirà di innalzare qualche barriera aggiuntiva ai tentativi di intrusione a cui siamo costantemente sottoposti quando navighiamo su Internet. E' meglio posizionare la protezione almeno su "Siti Attendibili", salvo posizionarsi diversamente solo se sicuri del sito che si sta visitando.

Nella Linguetta "Avanzate" è invece possibile selezionare quali operazioni vogliamo rendere possibili e quali vogliamo invece impedire. Prestate attenzione al fatto che le impostazioni selezionate su questa maschera avranno poi ripercussioni anche su altri programmi.

---

digitare ogni volta che si cambia pagina all'interno del sito. Il coockie, poi, dovrebbe essere cancellato automaticamente alla fine della nostra sessione su Internet.

Come utilizzare il vostro computer senza fatica

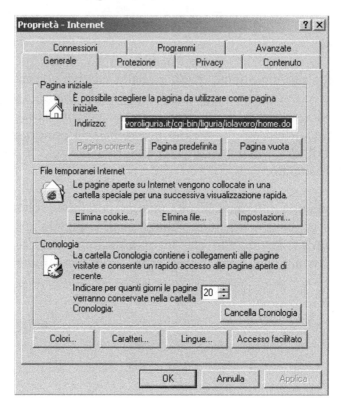

4.3.5 Le risorse del computer

Particolarmente importante è la funzione "risorse del Computer", attivabile premendo i tasti **Windows + E**. Il tasto Windows è quello tra i tasti Control e Alt sul lato sinistro della tastiera, identificato dall'icona della "finestra volante".

Questa funzione consente di verificare il contenuto di tutte le risorse del proprio PC e di avere dal lato sinistro della maschera l'organizzazione in cartelle, dal lato destro il dettaglio della cartella su cui siamo posizionati, come è possibile verificare dalla immagine riportata di seguito.

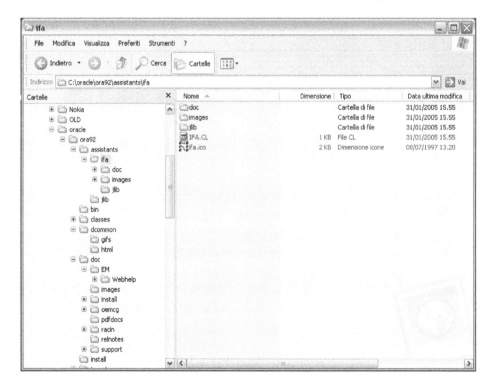

Dal menù start è possibile selezionare i programmi presenti sul PC, come si vede nell'immagine relativa, e selezionare uno qualsiasi dei programmi installati.

Come utilizzare il vostro computer senza fatica

Elenco dei programmi presenti sul PC

In particolare è possibile selezionare il menù "Accessori", e all'interno di questo, il menù "Utilità di sistema". All'interno di questo menù abbiamo molte scelte importanti da considerare attentamente. La nostra attenzione però andrà alle scelte relative alla riorganizzazione del nostro Hard Disk. Dovremo ricordarci di eseguire frequentemente l'operazione "pulitura disco", e subito dopo l'operazione "Deframmentazione dischi".

L'utilità di de-frammentazione è molto importante in quanto nell'utilizzo corrente i file vengono cancellati e riscritti più volte. Il Sistema Operativo è costretto a suddividere il file in frammenti sempre più numerosi, fino a quando le prestazioni del PC degradano rapidamente. Deframmentare i file è utile per riorganizzare i file sul PC, in modo da ripristinare l'unità logica del file, e consentire al PC di accedere più rapidamente ai file stessi. (Vedi 3.1.3 - Deframmentazione)

54

- Backup
- Centro sicurezza PC
- Mappa caratteri
- Microsoft System Information
- Operazioni pianificate
- Pulitura disco
- Ripristino configurazione di sistema
- Trasferimento guidato file e impostazioni
- Utilità di deframmentazione dischi

Ovviamente sono molte altre le opzioni possibili, ma l'esame di tutte le opzioni ci porterebbe troppo lontano per lo scopo di questo libro.

4.4 Sistemi Operativi Alternativi

Esistono numerosi altri sistemi operativi. In genere i primi sistemi operativi erano legati rigidamente all'hardware per cui erano stati progettati, ed è ancora oggi così per ciò che riguarda Leopard, il sistema operativo dei computer Apple. Anche se tutti i nuovi computer Apple usano lo stesso processore (Intel) dei normali PC, installare il sistema operativo Apple su di un normale PC è una operazione vivamente sconsigliata (anche se in rete circolano manuali per tentare l'operazione). Come potete ben immaginare, il processore è solo un componente di un PC, e il sistema operativo coinvolge tutto l'hardware del computer.

Tra i sistemi alternativi facilmente fruibili, vi sono certamente qualli derivati da Unix, quindi Linux e Lindows, come viene chiama la versione di Linux dall'interfaccia simile a Windows.

Esistono poi delle distribuzioni (cioè delle particolari versioni di Linux) che non richiedono nemmeno l'installazione: basta inserire il sistema operativo nel lettore CD/DVD e alla partenza del PC viene caricato il sistema Linux al posto di Windows. Questo consente di poter sperimentare sul campo le differenze, la facilità d'uso, etc., del sistema

Linux. Se poi volete installarlo davvero, allora dovete procurarvi una distribuzione e mettervi al lavoro.

Tra i sistemi operativi, certamente da citare è l'OS/2. Si tratta di un sistema operativo per personal computer progettato e distribuito da IBM prima dell'avvento di Windows. La semplicità d'uso, e la possibilità di usare appieno le potenzialità del multi-tasking ne fecero un ottimo sistema, che trovo larga diffusione nel mondo bancario. La politica di vendita molto aggressiva di Microsoft comportò, per l'OS/2, un rapido declino. IBM ha cessato il supporto di OS/2 nel 2006, ma il nucleo di questo sistema (Kernel) continua a sopravvivere come base di sistemi operativi più evoluti.

Infine vale la pena di citare il BeOS, un sistema operativo non basato su Unix e scritto totalmente da zero. Permetteva di utilizzare al meglio i contenuti multimediali, ma non riuscì mai a decollare a causa degli accordi stretti da Microsoft con i costruttori di Hardware e con gli assemblatori. Nemmeno la proposta di fornire gratuitamente il sistema operativo, in modalità dual boot (cioè in convivenza con Windows sullo stesso personal computer) poté essere attuata. Il vincolo imposto da Microsoft era troppo rigido. La causa legale fruttò 23 milioni di dollari al proprietario del sistema, prima del fallimento dell'azienda, e il software venne poi acquistato dalla PALM Inc. (una delle aziende che per prime hanno investito sul settore dei palmari), per utilizzarne alcune tecnologie proprietarie.

Parte Seconda: I fondamentali

5 WORD

Word è, probabilmente, il programma di videoscrittura più diffuso, e sicuramente uno dei più completi. Esistono tuttavia altri prodotti (o meglio altre suites) che possono altrettanto degnamente sostituire i programmi Microsoft in termini di completezza, interfaccia amichevole, semplicità d'uso.

Una suite è un insieme di prodotti che permette, come nel caso di office, di avere raggruppati, sotto un unico pacchetto di distribuzione, più prodotti che permettono di scrivere testi, elaborare tabelle di dati, etc.

Alcune suite alternative sono a distribuzione gratuita, scaricabili da Internet o più facilmente da qualche CD / DVD allegato ad una rivista dal costo di pochi euro. Le funzioni che verranno illustrate nel corso di queste note sono le funzioni base, presenti in ogni programma di videoscrittura degno di questo nome, ma nella spiegazione farò sempre riferimento ai prodotti della suite Office di Microsoft.

5.1 *Funzioni base di Word*

Word scrive i propri documenti con file di estensione .doc, che rappresentano l'estensione naturale. E' possibile utilizzare formati intermedi (RTF, TXT) per gestire l'interscambio di documenti con altre persone che possono non utilizzare il nostro stesso strumento. Bisogna altresì considerare che mentre le nuove versioni di Word sono in grado di leggere i documenti salvati con le versioni precedenti, spesso non è vero il contrario, per cui se siete voi ad avere una versione più recente, un vostro amico con una versione più antiquata potrebbe non essere in grado di leggere il vostro documento. In questo caso bisognerà utilizzare uno dei formati precedentemente descritto, oppure occorrerà trasformare il nostro documento in formato PDF.

I formati alternativi principali sono: RTF (Rich Text Format), XML (molto utilizzato per lo scambio di documenti e l'importazione degli stessi su pagine WEB), HTML, testo (TXT), modelli di documenti (DOT), PDF (leggibile con Acrobat Reader, scaricabile in modo gratuito da Internet).

Una prima considerazione generale, valida per Word e per (quasi) tutti i software: si potrà notare come il menù in alto ha alcune lettere sottolineate. In genere è possibile utilizzare Word (e i suoi parenti affini) in diverse modalità: è possibile attivare delle funzioni di menù con l'utilizzo del Mouse, sia da tastiera con l'utilizzo di sequenze di tasti opportunamente codificati. Ecco che per accedere, ad esempio, al menù FILE possiamo utilizzare la freccia del Mouse, oppure la sequenza di tasti ALT+F. Una volta aperto il menù relativo alla vostra scelta noterete come altre opzioni abbiamo delle lettere sottolineate: questa volta per attivarle basterà semplicemente premere la lettera corrispondente, senza più utilizzare anche il tasto ALT, componendo così una sequenza di tasti. Ad esempio per salvare il vostro documento, potreste premere la seguente sequenza di tasti: MAIUSC + F12.

Una notazione di carattere generale: quando scrivete in Word, almeno nelle versioni più recenti, se una parola è stata scritta in modo sbagliato, il correttore ortografico tenta di correggere automaticamente la parola, a volte peggiorando la situazione. Attivate l'automatismo di correzione solo se effettivamente necessario (vedremo al par. 5.1.7 come fare). Invece, se il correttore è disattivato o la parola non è riconoscibile dal dizionario di Word, allora comparirà una riga ondulata in rosso, ad indicare l'errore.

5.1.1   Osservazioni generali sui Menù

In generale i menù a tendina di Word (e dei suoi fratelli Excel, Access, etc.) mostrano dei menù corti, che riportano le scelte utilizzate più frequentemente. Per visualizzare le tutte le opzioni di un menù occorre cliccare sulla doppia freccia che punta verso il basso dal menù a tendina e vedrete apparire il menù esteso con tutte le scelte possibili.

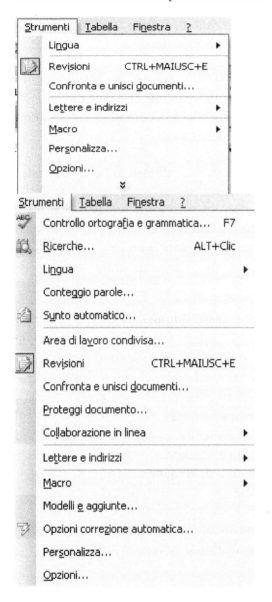

Nelle due immagini appena pubblicate è possibile vedere il menù corto, con le freccine di espansione verso il basso, e il menù completo, con l'elenco di tutte le scelte e delle possibilità.

Inoltre si può ancora notare che alcune delle scelte del menù hanno una icona a sinistra e una serie di indicazioni a destra. Le icone sono le stesse

che si possono trovare nei menù orizzontali, mentre le altre indicazioni suggeriscono l'attivazione del comando da tastiera. F7, ad esempio, significa che è possibile attivare il controllo ortografico semplicemente premendo il tasto F7; CTRL + MAIUS + E significa che è possibile digitare questa sequenza di tasti per attivare la revisione del documento.
Infine si possono notare delle minuscole frecce sulla destra. Queste servono a segnalare la presenza di un sotto-menù.

Il vantaggio dei tasti funzionali (le sequenze di tasti appena illustrate) è che potete continuare a scrivere senza dover staccare le mani dalla tastiera per utilizzare il mouse. Per chi scrive molto, questo è un bel vantaggio, perché riduce di molto i tempi di scrittura ed evita di alzare continuamente le mani dalla tastiera per cercare il mouse.

5.1.2 Menu File: Apertura File e conversione file.

Dal menù File, il primo in alto a sinistra, è possibile accedere alle funzioni "base" di Word. Le funzioni selezionabili sono le seguenti:

- Nuovo, per la creazione di un nuovo file, vuoto, per la scrittura di un nuovo documento;
- Apri, per aprire un documento esistente;
- Salva, per salvare un documento su cui si sta lavorando, operazione che consiglio di effettuare con una certa frequenza durante la scrittura di un nuovo documento;
- Stampa, per stampare un file.

Queste sono solo le principali funzioni selezionabili, ma come è possibile vedere nella figura seguente, le opzioni sono molte di più.

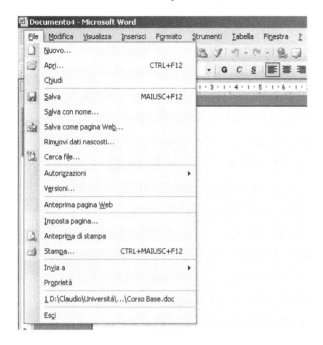

Una scelta altrettanto importante è "Salva con Nome", che permette di battezzare un nuovo documento, o di assegnare un nuovo nome ad un documento esistente. In particolare, attraverso questa opzione, è possibile non solo assegnare un nome ad un file, ma anche stabilirne il formato.

Quando attiviamo la funzione "Salva con Nome", dobbiamo scegliere in quale cartella del PC vogliamo salvare il documento, cosa che facciamo utilizzando i tasti presenti nel menù di sinistra o sulla barra in alto. Il nome e il formato del documento, invece, si dovranno scegliere nella parte inferiore della finestra di salvataggio, nelle caselle Nome del File e Tipo del File.

Selezionando la freccia alla destra della cella "Tipo del File" sarà possibile accedere a tutti i formati di file che possono essere scelti. Potremo dunque salvare il nostro documento Word (.doc) in formato testo (.txt) e in formato RTF, mantenendo lo stesso nome del documento.

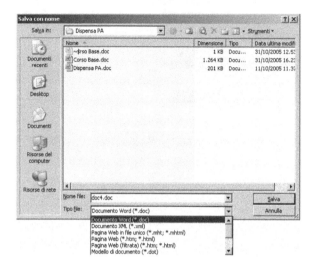

Maschera per il salvataggio di un documento

Ad estensioni diverse (txt, doc, rtf, etc.) corrispondono formati diversi. Per verificare da soli, provate a salvare lo stesso documento usando i diversi formati consentiti, e quindi ad aprire i file con uno strumento diverso, tipo il blocco note (o notepad) per verificarne le differenze di registrazione.

Tra le operazioni necessarie per dare una impostazione professionale ai nostri documenti, abbiamo la scelta **Imposta Pagina** dal menù **File**. Da questa scelta potremo impostare il nostro documento al meglio delle nostre esigenze.
Potremo impostare i margini del nostro documento (Alto, Basso, Destro e Sinistro), il margine da destinare alla rilegatura[12], la definizione del layout del documento (orizzontale – verticale), la sezione a cui intendiamo applicare queste impostazioni.

In genere le impostazioni di margine conviene predisporle da subito, per evitare di dover modificare in seguito tutto il documento.

---

[12] Se abbiamo intenzione di rilegare il nostro documento, con una termo-saldatrice, ad esempio, dovremo lasciare, sul margine sinistro, un centimetro in più, in modo da compensare la riduzione di spazio sulla sinistra dovuta appunto alla rilegatura.

64

Nelle altre linguette del menù è possibile intervenire sulle dimensioni del foglio da stampare (A4, A3, etc.), oppure è possibile impostare dimensioni personalizzate del foglio da stampare.

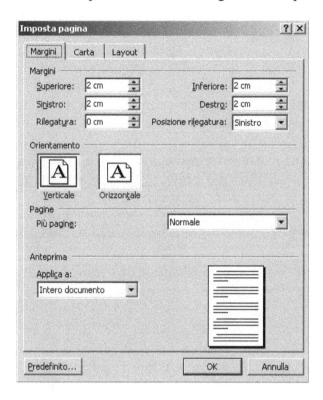

5.1.3 Menù Modifica:

Dal menù "modifica", visualizzato nella maschera sottostante, possiamo accedere ad alcune funzioni interessanti per la redazione dei nostri documenti.

La prima ed importante funzione è "Annulla digitazione", richiamabile anche dall'icona "freccia indietro". Questa funzione consente di annullare l'ultima operazione effettuata, fino al numero di operazioni conservate nella memoria del PC. Si rivela utilissima quando, ad esempio, per sbaglio vengono cancellati interi brani del nostro documento. Ad ogni utilizzo della funzione vedremo ricomparire sul nostro documento quanto precedentemente modificato.

Altre funzioni molto importanti sono quelle che consentono di **copiare** parte di un testo o di **cancellare** un testo. Attraverso queste funzioni (Taglia, Copia, Incolla) possiamo **spostare** parte di un testo non solo all'interno di un documento, ma anche da un documento ad un altro o addirittura tra tipologie diverse di documenti. E' pertanto possibile non solo spostare un periodo scritto in word da una lettera ad un'altra, ma copiare delle righe da word per importarle in power point, o copiare una porzione di tabella da excel per incollarla in word.

Quando andate a visualizzare un menù a tendina, può capitare che alcune delle funzioni siano visualizzate in grigio: significa che in quel determinato contesto quelle funzioni non sono attivabili,

Per utilizzare la funzione "Taglia e Incolla" si procede nel seguente modo:
- Innanzitutto si seleziona la porzione di testo da copiare o tagliare;
- Il testo così selezionato comparirà di colore bianco su sfondo nero;
- A questo punto si azionano i tasti cancella (CTRL+X) o copia (CTRL+C);
- La differenza tra queste due opzioni e che la prima "taglia" il testo dal nostro documento, per salvarlo in un'area provvisoria in attesa del successivo utilizzo, mentre la seconda opzione ne effettua una copia, lasciando però il testo originale al suo posto;
- Quindi ci si posiziona nel punto preciso in cui si deve incollare il testo selezionato e si premono i tasti CTRL+V. Il testo verrà incollato nel punto desiderato.

Da notare che questa modalità di copia funziona tra due differenti documenti (ad esempio ho la necessità di copiare un passo del mio CV in un documento sintetico che mi è stato richiesto da un amico), ma può anche essere utilizzato, come spiegato sopra, anche tra applicativi diversi. In questo modo posso "incollare" nel mio documento Word una tabella Excel, una foto, un'immagine.

Un'altra funzione molto importante che troviamo all'interno di questo menù è la funzione **Trova** che spesso è associata alla funzione **Sostituisci**. La funzione Trova consente di cercare, all'interno del testo che stiamo scrivendo, tutte le occorrenze di una determinata parola all'interno di tutto il testo.

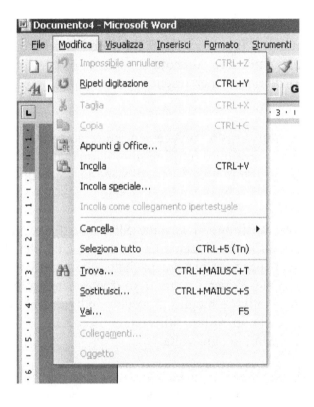

La funzione Trova può anche essere attivata dall'icona con il binocolo, presente sulla barra del menù. La maschera della funzione si presenta come nella figura che segue. Si possono notare tre linguette, che presiedono le tre funzioni: Trova, Sostituisci, Vai.

"Trova" consente di ricercare, all'interno del documento che stiamo scrivendo, un testo determinato. Possiamo ricercare anche una frase o parole separate da spazi. Attivando il bottone **Altro** è possibile selezionare ulteriori criteri di ricerca per orientare al meglio la nostra ricerca.

Scegliendo la linguetta sostituisci sarà, invece, possibile sostituire un termine con un altro. Possiamo sostituire tutti i termini in una volta sola, oppure cercare i termine da sostituire e decidere, di volta in volta, quali sostituire e quali no.

Ad esempio , potremo voler sostituire il termine SPA con il termine S.p.a.; tuttavia, se applicato all'intero documento[13] c'è il rischio che il cambio venga effettuato anche per termini tipo spaghetti, che modificato diventerebbe S.p.a.ghetti; lo stesso per i termini **spa**zzatura, a**spa**ragi, tra**spa**rente, etc.; per questo motivo è meglio procedere individuando il termine da modificare di volta in volta, utilizzando l'opzione trova successivo, e confermando il cambio ogni volta.

Infine la terza scelta,**Vai**, permette di posizionarsi velocemente in un determinato punto del nostro documento. In particolare può rivelarsi utile l'opzione **Segnalibro**, che però andrà prima inserito dal menù **Inserisci**, che vedremo tra breve. Una volta definito il segnalibro, in questa maschera basterà ricercarlo, selezionandolo dall'elenco dei segnalibri (dal Box Nome del segnalibro, come da illustrazione).

---

[13] Quando effettuo una sostituzione, posso scegliere di effettuare la sostituzione per l'intero documento. Questo procedimento è molto utile ed economico, ma come spiegato, può anche portare a degli inconvenienti. Spesso è preferibile procedere per piccoli passi, sostituendo l'elemento desiderato di volta in volta.

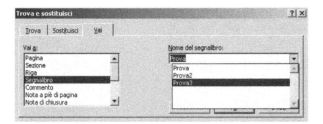

In questa figura abbiamo inserito tre segnalibri di prova. Selezionando vai a, e segnalibro, avremo l'elenco completo dei segnalibri inseriti in precedenza, e potremo puntare sul segnalibro desiderato.

5.1.4 Menù Visualizza:

Dal menù di visualizzazione possiamo impostare la migliore (per noi) visualizzazione del documento a cui stiamo lavorando. E' possibile scegliere tra diversi formati di visualizzazione, che hanno l'obiettivo di aiutarci nella composizione del nostro documento. Interessante, nelle nuove versioni, il layout di lettura, che dispone due pagine del documento affiancate, per agevolare le operazioni di rilettura e la verifica della impaginazione.

Ciascuno potrà trovare la disposizione migliore per la stesura del documento di lavoro. Personalmente preferisco la visualizzazione come layout di stampa nella fase di stesura del documento, e le opzioni "Mappa del documento" e "Anteprime" nella fase di impaginazione e correzione finale del testo. Per rimuovere queste ultime due opzioni, occorre riselezionare le stesse una seconda volta.

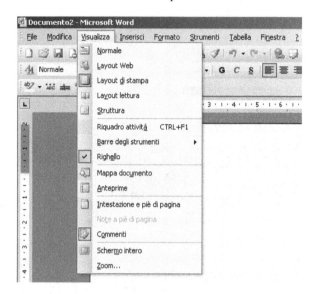

Altra funzione molto importante di questo menù è **Intestazione e piè di pagina**, che permette di personalizzare l'intestazione e il piè di pagina del nostro documento. L'intestazione consente di personalizzare la parte alta del nostro file word, riportando lo stesso testo per tutto il documento, come potete vedere anche in questo libro.

Nel piè di pagina potete notare semplicemente il numero di pagina del documento.

Quando selezionate queste opzioni, compare una mascherina di aiuto che dovrebbe semplificare l'operazione. Nell'illustrazione si può notare la mascherina di aiuto e le voci che sono direttamente inseribili (sia nell'intestazione che nel piede), rappresentate come icone: numero di pagina, pagine totali, ora, etc. Interessante la prima casella, quella del glossario, che permette di inserire in automatico frasi tipo "pag x di y", oppure il nome del documento e il percorso in cui è registrato, etc.

Il glossario è precaricato con alcune formule standard, alle quali è possibile aggiungere le voci di nostro interesse e di utilizzo comune.

Abbiamo ancora la possibilità di visualizzare / nascondere le annotazioni, utilizzando il comando **Commenti**. L'inserimento di un commento è possibile dal menù Inserisci.

Ultimo comando importante è Barra degli Strumenti, che permette di personalizzare le barre dei menù di Word, per renderle più vicine al nostro modo di lavorare. Questa opzione consente di inserire (togliere) dalle barre dei menù interi sottomenù.

5.1.5 Menù Inserisci

Dal menù di inserimento possiamo inserire, all'interno del documento che stiamo scrivendo, immagini, foto, clip-art, fogli elettronici, ed ogni altra cosa utile al completamento del nostro testo.
Come si può vedere le opzioni di inserimento sono molteplici, e anche per questo menù descriveremo solo le opzioni più importanti.

La prima opzione che prenderemo in considerazione è la voce Glossario. Attraverso questo comando abbiamo accesso ad alcune formule pre-impostate di saluti, aperture, etc. Basterà selezionarle per inserirle nel punto in cui si trova il cursore; ma la funzione più interessante è quella che permette di accedere al vero glossario e di personalizzarne le possibilità. Ad esempio abbiamo accesso alle opzioni di correzione automatica del testo, che potremo personalizzare aggiungendo ulteriori possibilità di correzione, o aggiungere ulteriori voci al Glossario, da richiamare nell'uso quotidiano.

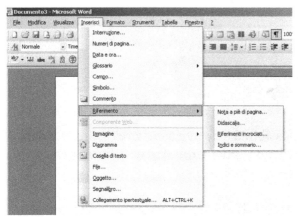

Menù Inserisci

L'opzione Simbolo consente di inserire alcuni tra i simboli generalmente utilizzati ma non presenti nel normale set di caratteri tipografici, quali: £, ⅛, ∞, ∫, ξ, o anche simboli in caratteri diversi dall'alfabeto latino, come quelli che riporto di seguito in esempio (ho selezionato caratteri a caso di cui ignoro il significato. Le probabilità di aver scritto qualcosa di realmente offensivo credo siano bassissime, tuttavia imploro tutte le attenuanti possibili e mi auguro di non aver offeso nessuno) شصتثی

E' possibile inserire un commento, che ha un significato diverso rispetto alla nota a piè di pagina. Il commento è un pro-memoria che immettiamo per ricordarci di completare il nostro testo, mentre la nota è un riferimento bibliografico o un commento che vogliamo resti a disposizione dei lettori, come quelli che potete vedere in questo libro.

Una delle opzioni più interessanti è la possibilità, offerta dal menù **Riferimento**, che consente diverse opzioni tutte ugualmente importanti. La prima permette l'inserimento di una nota a piè di pagina, come illustrato dalla figura sottostante.

Note

E' possibile inserire una nota a piè di pagina, alla fine della sezione o alla fine del documento. Quando si sceglie di inserire una nota, Word si incarica di impaginare il documento in modo da mantenere le note all'interno della pagina di riferimento, anche se nelle variazioni successive inseriamo dell'ulteriore testo.

Per l'inserimento delle immagini è possibile utilizzare differenti tipi di formati (BMP, JPEG, etc.) e di supporti.

Inserimento Immagine

Selezionando **Inserisci - Immagine** comparirà il menù delle immagini da inserire. Se scegliamo l'opzione **immagine da file**, dovremo posizionarci sulla cartella che contiene l'immagine da selezionare e confermare la scelta. L'immagine verrà inserita nel nostro documento e potremo quindi modificarne le dimensioni selezionando un angolo della foto con il mouse per trascinarlo fino a raggiungere le dimensioni desiderate. Le altre opzioni sono facilmente utilizzabili e sperimentabili da soli.

La scelta **Inserisci File** consente di importare un intero file all'interno del nostro documento. Le operazioni da fare sono molto simili a quanto già visto per l'inserimento di immagini: una maschera permette di selezionare il file da inserire; confermata la scelta il file verrà inserito all'interno del documento. Con questa funzione è possibile inserire file in formato Word (.doc), RTF, XML, HTML. Gli altri formati, anche se potranno essere importati, non daranno origine a documenti leggibili. Per ottenere documenti leggibili con altri formati di dati bisognerà utilizzare l'opzione **Inserisci Oggetto**, selezionando la linguetta **Crea da File**, per poi posizionarsi sul file desiderato. In questo modo sarà possibile importare fogli excel, ma anche documenti Acrobat (PDF), anche se poi non sarà possibile modificarli. La qualità dei documenti PDF importati non è elevata, ma consente di poter riprodurre, in modo accettabile, le pagine PDF all'interno del nostro documento[14].

L'ultima opzione che vedremo è Inserisci Segnalibro. Questa opzione è interessante quando si deve lavorare con un documento particolarmente lungo e complesso e abbiamo la necessità di inserire, nel nostro documento i riferimenti ai punti in cui stiamo lavorando. Il segnalibro è un indicatore (nascosto) a cui è possibile puntare direttamente (con l'opzione **vai a** del menù **Modifica** che abbiamo già visto).

---

[14] PDF è un formato proprietario di Acrobat. I documenti PDF hanno due caratteristiche particolarmente interessanti: non sono modificabili, dunque si prestano particolarmente all'invio elettronico, come allegato e-mail, per la pubblicazione di documenti su internet, etc.; sono di dimensioni relativamente compatte, dunque facili da gestire. Queste due caratteristiche ne hanno fatto il formato di gran lunga più utilizzato per tutte quelle attività che riguarda lo scambio di documenti su internet.

Per inserire il segnalibro occorre posizionarsi nel punto esatto del testo in cui si desidera inserire il segnalibro, selezionare l'opzione inserisci segnalibro e assegnare un nome al segnalibro (che sarà una parola chiave riguardante l'argomento su cui si sta lavorando in quel paragrafo).

Quando avremo bisogno di raggiungere rapidamente la posizione contrassegnata dal segnalibro, utilizzeremo la funzione **Vai** del menù modifica. Comparirà una finestra di dialogo dove sceglieremo segnalibro dal box di sinistra, e punteremo al nome del segnalibro desiderato.

5.1.6 Menù Formato.

Il menù Formato contiene comandi e opzioni relativi alla formattazione e alla presentazione del testo, quindi permette di impostare il carattere utilizzato, i caratteri alternativi, elenchi di dati, impostazioni di paragrafo, e in genere tutto ciò che attiene alla presentazione del documento.

La prima scelta, Carattere, consente di scegliere il carattere da utilizzare (Courier, Verdana, etc.) e il corpo espresso in punti (a numero maggiore corrisponde un carattere più grande). La semplice impostazione del carattere, del corpo e del formato (Grassetto, Corsivo, Sottolineato) è generalmente presente anche sulla barra del menù, ed è facilmente selezionabile con un solo click. Accedendo a questo menù è però possibile accedere a molte più opzioni, che sono di utilizzo limitato (come l'inserimento di cornici lampeggianti, l'effetto coriandoli, etc.) e riservato alla corrispondenza più spiritosa.

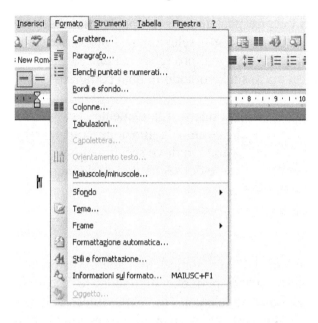

Menù Formato

Maggiormente interessanti sono le opzioni di paragrafo, che permettono di modificare le impostazioni della pagina. Anche in questo caso molte delle impostazioni posso essere richiamate dalla barra del menù; ricorreremo alle funzioni di impostazione pagina quando avremo la necessità di impostazioni maggiormente personalizzate.

Dalla scelta paragrafo si apre una finestra sulla quale potremo impostare il rientro per la prima riga, ad esempio, o per un intero paragrafo; potremo decidere l'interlinea da utilizzare, la spaziatura da utilizzare per la riga precedente o successiva. Ogni modifica apportata al testo potrà essere visibile nella finestra di anteprima.

Menù Paragrafo – Opzioni Rientro e Spaziatura

Nella redazione di un documento a volte succede di avere il titolo di un paragrafo su di una pagina e il contenuto sulla pagina successiva, oppure di avere una tabella di poche righe suddivisa su due pagine. Per evitare questi inestetismi occorre accedere al menù successivo selezionando la linguetta **Distribuzione Testo**. Le due opzioni da selezionare sono: Mantieni assieme le righe e Mantieni con il successivo. Prima di selezionare queste opzioni occorre selezionare il testo che vogliamo mantenere unito e solo dopo selezionare le opzioni precedentemente illustrate.

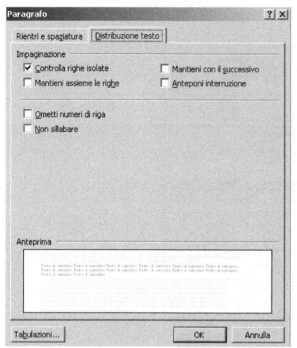

Menù Paragrafo – Opzioni Distribuzione Testo

5.1.7 Elenchi puntati e numerati

Un'altra opzione importante è quella relativa agli elenchi puntati / numerati, particolarmente utile quando si hanno liste da riportare nel documento. Per inserire un elenco puntato / numerato occorre:

1. Posizionarsi nel punto in cui si vuole inserire l'elenco, quindi selezionare il tipo di elenco desiderato o dalla barra del menù o dal menù **Formato – Elenchi puntati e numerati**;
2. A questo punto è possibile iniziare a scrivere il proprio elenco, normalmente;
3. Ogni volta che si desidera inserire un nuovo elemento occorre andare a capo, utilizzando il tasto Return;
4. Se si desidera passare dall'elenco numerato a quello puntato, o viceversa, bisogna selezionare tutto l'elenco con il Mouse e modificare il tipo di elenco da uno dei menù già citati;

5. NON POTETE CONTINUARE PER SEMPRE COSI!. Prima o poi dovrete concludere l'elenco. Per fare questo basta semplicemente premere due volte il tasto Return: al primo invio comparirà il punto successivo, con il secondo invio terminerà il vostro elenco.

E' possibile modificare l'immagine dei "punti" utilizzati nell'elenco, scegliendoli tra quelli proposti da Word, oppure selezionandone altri o creandone di nuovi. Per modificare l'aspetto dei punti negli elenchi puntati, occorre posizionarsi all'interno dell'area che volete rendere un elenco puntato (o che è già un elenco puntato), quindi, premendo il tasto destro del mouse, comparirà una finestra di dialogo, come quella che vedete nella figura sottostante.
Ora è possibile scegliere uno degli elenchi proposti (notate come in alto compaiano diverse linguette, ciascuna con le proprie specifiche), e se nessuno degli oggetti proposti vi piace, potete selezionare il bottone **Personalizza**, in fondo alla finestra. Vi comparirà una seconda finestra di dialogo, all'interno della quale potrete selezionare i punti (o il formato dei numeri) che più vi piacciono, anche ricercando tra oggetti e simboli presenti sul vostro PC.

Selezionando l'immagine che volete assegnare ai punti, questi modificheranno il loro aspetto.

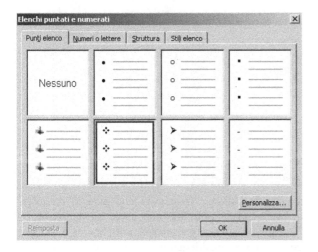

79

Effettuata la scelta, il nuovo simbolo diventerà lo standard per i successivi elenchi[15].

5.1.8 Menù Strumenti

Dal menù strumenti si ha accesso ad alcune tra le funzioni maggiormente apprezzate di Word: i correttori ortografici e il Thesaurus.

Controllo ortografico

La prima delle scelte possibili è il controllo ortografico: si tratta di una opzione molto importante per le correzioni del nostro testo, individuando errori di ortografia e di sintassi. Non sempre lo strumento è preciso e a volte segnala come errore un termine semplicemente perché non è stato inserito nel dizionario utilizzato per la verifica dei termini. Poco male, vediamo come procedere.

Il modo più veloce per attivare il correttore ortografico è dalla barra del menù (segno di spunta con abc scritto sopra) oppure digitando il tasto F7. Il correttore verrà immediatamente attivato ed inizierà l'analisi del nostro documento a partire dal punto in cui è stato attivato.

---

[15] Se utilizzate simboli particolarmente strani, ricordatevi che quando passerete il vostro elaborato ad un vostro amico, questi potrebbe non avere all'interno del suo computer tutti i simboli che avete voi, e di conseguenza potrebbe non riuscire a stampare correttamente l'elenco. La stessa considerazione vale per il tipo di carattere utilizzato.

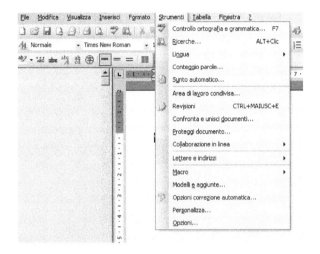

Ecco come appare il correttore ortografico una volta avviato. La parola errata viene evidenziata, e nella finestra di correzione appare il termine errato in rosso, e i suggerimenti nella finestra sottostante. Spesso, come in questo caso, la parola esatta è una di quelle fornite in elenco: basterà selezionarla (doppio click del tasto sinistro del Mouse) e verrà sostituita automaticamente. Se si tratta di un errore ricorrente, potremo anche decidere di scegliere l'opzione **cambia tutto**, e in questo caso verranno sostituite tutte le occorrenze del termine con il nuovo termine.

Potrebbe invece trattarsi di un termine esatto, ma non riconosciuto dal correttore ortografico, in questo caso avete due possibilità: o utilizzate le opzioni **Ignora** (**Ignora questa volta** o **Ignora tutto**, che funzionano in modo analogo a quanto già visto in situazioni simili) oppure costringete Word ad imparare qualche parola nuova, utilizzando l'opzione **Aggiungi al dizionario**. Il termine verrà aggiunto al vostro dizionario e non darà più origine a segnalazione di errori.

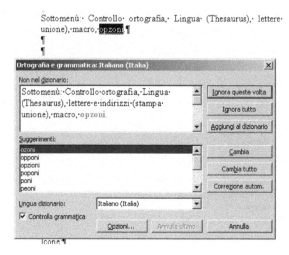

Thesaurus

Il Thesaurus si attiva dal menù Strumenti, selezionando Lingua e quindi Thesaurus, oppure digitando i tasti **MAIUS + F7**. Si tratta di un comodo strumento quando si ha la necessità di cercare un sinonimo o un contrario da inserire nel nostro testo, ad esempio perché si è già troppe volte ripetuto lo stesso termine. Nelle ultime versioni è decisamente migliorato e vi eviterà di ricorrere, almeno in prima battuta, al dizionario. Selezionato il sinonimo corretto, potrete sostituirlo alla parola che stavate utilizzando.

Personalizza

Scorrendo tra le altre scelte troviamo il menù **personalizza**, dal quale possiamo modificare la barra degli strumenti, aggiungendo o togliendo opzioni di menù. Dopo un po' di prove potremo personalizzare il menù secondo il nostro modo di lavorare.

Dal sotto-menù **opzioni**, invece, si possono modificare le impostazioni di base di Word, tra cui è possibile modificare le directory (o cartelle) predefinite, le impostazioni degli automatismi del correttore ortografico, il numero degli ultimi documenti aperti, etc. Le opzioni presenti su questo menù sono troppe per essere descritte dettagliatamente in questo manuale introduttivo, per cui il consiglio è, se avete tempo, provate e verificate da voi le opzioni, risparmierete un sacco di soldi, e imparerete certamente di più. Provare per credere.

Dal menù **strumenti** è possibile intervenire su una serie di parametri di Word, per personalizzarne l'uso in funzione delle nostre esigenze utilizzando il sottomenù **opzioni**.

Compare una finestra di dialogo piuttosto articolata, attraverso la quale è possibile intervenire su molti dei parametri di configurazione di Word. Prenderemo in considerazione solo le voci principali lasciando, come ormai avrete imparato, alla vostra fantasia la facoltà di provare tutte le varie possibilità. La solita raccomandazione: non modificate troppi parametri in una sola volta, perché potreste non sapere qual è il risultato che vi eravate ripromessi di raggiungere.

Esaminiamo le voci più interessanti. La prima riguarda la possibilità di modificare le cartelle predefinite. Utilizzando questa scelta potrete modificare i percorsi (le cartelle) all'interno delle quali volete posizionare o ricercare i vostri file. Se, ad esempio, registrate tutti i vostri documenti Word all'interno della cartella C:\Documenti, potrete inserire questo percorso come percorso predefinito per i documenti.

Quando utilizzerete la funzione di apertura dei documenti di Word, vedrete che si posizionerà sulla cartella che gli avrete assegnato.

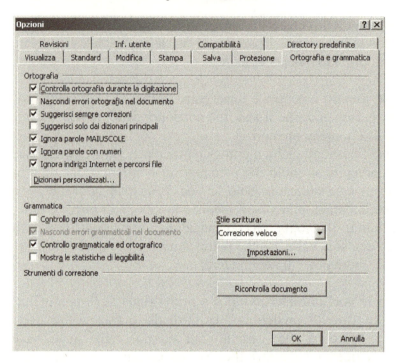

Utilizzando il tab **Ortografia e grammatica**, invece, potrete accedere alle funzioni relative alla correzione automatica del testo, configurandola come meglio credete. Ad esempio, attivando la prima scelta in alto (visibile nella figura soprastante) **controlla ortografia durante la digitazione**, vedrete come Word vi sostituirà automaticamente il termine che state digitando con quello che viene ritenuto corretto.

Ma non sempre questa scelta può essere felice: se dovete scrivere la parola controlling, il correttore automatico vi cambierà controlling in controllino, interpretando la vostra scelta come un errore. Particolarmente importante stare attenti quando state scrivendo dei cognomi: il risultato potrebbe essere esilarante per voi, ma decisamente imbarazzante per chi riceve la vostra missiva. E' facile rivolgersi al signor Tinozza anziché al Sig. Pinozza, ad esempio.

Se non rileggerete attentamente il vostro testo potreste avere un certo numero di errori dovuti al troppo zelo del correttore di Word. In questo caso è consigliabile disattivare l'opzione appena menzionata: saremo costretti a correggere noi le parole, ma saremo più certi di quello che stiamo scrivendo.

Utilizzando la scelta dizionari personalizzati potrete aggiungere uno o più dizionari che saranno utili quando scriverete, ad esempio, relazioni tecniche che richiedono l'utilizzo di termini particolari caratteristici della vostra attività. Potrete attivare o disattivare il vostro dizionario specifico in funzione del tipo di lettera che state scrivendo.

Nell'area (visibile nella figura) identificata come grammatica, è poi possibile selezionare altre impostazioni, selezionando il box impostazioni. Si aprirà una ulteriore finestra di dialogo, attraverso la quale sarà possibile effettuare numerose personalizzazioni relative alla correzione del vostro testo.

Ancora, selezionando la linguetta standard, tra le varie opzioni interessanti, io di solito ne seleziono una: portare a nove il numero dei file visualizzati (di solito questa opzione è impostata a quattro); questo significa che dal menù File, potrete vedere gli ultimi nove file aperti di recente anziché gli ultimi quattro.

Le altre opzioni, più o meno importanti, potete provarle da soli. In fondo, se siete arrivati fino a questo punto, significa che avete acquisito una certa dimestichezza sull'utilizzo del computer, e potete tranquillamente provare da soli tutte le altre opzioni.

5.1.9 Stampa Unione

Un'altra funzione interessante è la **stampa – unione**. Prima di procedere sarà meglio capire a cosa serve. Questa funzionalità è certamente molto utile quando dovete inviare la stessa comunicazione a molte persone, ad esempio una convocazione per una assemblea di amministrazione o del circolo ricreativo "Sposati e Contenti". Per poter fare questo avete bisogno di due cose: la comunicazione standard e l'elenco delle persone a cui volete inviare la comunicazione.

Partiamo dall'elenco, che può essere un banale elenco scritto con EXCEL (non preoccupatevi adesso per Excel, ne parleremo diffusamente nel capitolo successivo). Dunque l'elenco dei nominativi può presentarsi più o meno così:

	A	B	C	D	E	F
1	**Nome**	**Cognome**	**Indirizzo**	**CAP**	**Città**	**Prov.**
2	Claudio	Andreano	Via Bassa, 33	16100	Genova	GE
3	Brad	Pitt	Via dei belli, 45	20100	Milano	MI
4	George	Clooney	Via Como, 12	22021	Bellagio	CO
5	Monica	Bellucci	Rue des Anglais		Paris	Paris
6	Rocco	Puglisi	L.go Turati, 2	20100	Milano	MI
7	Romeo	Bonanni	Passo del Berego, 6	47814	Bellaria	RN

Nomi, Cognomi e le altre informazioni utili delle persone che vogliamo raggiungere con la nostra comunicazione. Occorre ricordarsi di inserire sempre la prima riga (intestazione) che permette a Word di abbinare i dati del nostro elenco alle lettere che dobbiamo inviare.

Predisposto l'elenco, adesso dobbiamo preparare la comunicazione: andiamo nel menù **Strumenti** e selezioniamo **Lettere e Indirizzi.** Dalla finestra di scelta che si aprirà selezioneremo **Stampa Unione**. Nella versione che sto utilizzando per scrivere questo documento (Office 2003) si apre una ampia finestra laterale che vi guida nella composizione del testo della lettera e nella selezione dell'elenco. Come si può notare immediatamente, in basso a destra compare il messaggio guida: **Passaggio 1 di 6**.

Scegliamo di comporre una lettera e andiamo avanti, selezionando il messaggio successivo, sotto la dicitura passaggio 1 di 6.

Nel **passaggio 2** potete scegliere se utilizzare il documento corrente, crearne uno nuovo o farvi aiutare dall'autocomposizione. Scriviamo il nuovo documento sul foglio bianco, lasciando lo spazio per gli indirizzi, i saluti, etc.

Dopo aver compilato la lettera, avendo avuto cura di lasciare gli spazi per l'inserimento degli indirizzi, procederemo andando al **passo tre**, dove viene richiesto l'elenco dei contatti che vogliamo utilizzare. Selezioneremo, in questo caso, **Usa Elenco esistente**, avendo cura di selezionare anche la scelta presente nella seconda metà della finestra di composizione **Sfoglia**. La maschera che comparirà a quel punto permetterà di posizionarci sulla cartella contenente il nostro elenco di contatti. Selezionato il file, se si tratta, come nel nostro caso, di un file Excel, dovremo anche scegliere il foglio su cui vogliamo lavorare, e una volta sul foglio, possiamo ancora scegliere se spedire la comunicazione a tutti i nominativi presenti (opzione seleziona tutti) o solo ad alcuni, che andranno opportunamente selezionati.

Andiamo al **passo 4**. Qui dovremo abbinare gli indirizzi al nostro modello di lettera. Dunque ci posizioneremo nel punto esatto in cui vogliamo inserire l'indirizzo, e selezioneremo Blocco Indirizzi. In questo modo verrà copiato tutto l'indirizzo inserito nel punto desiderato. Adesso, però, vogliamo riportare il solo nominativo all'interno della lettera, pertanto posizioniamoci nel punto esatto e utilizziamo la stessa funzione di prima, avendo però l'accortezza di utilizzare non più la scelta blocco di indirizzi, ma la scelta «**altro**», dove selezioneremo le informazioni che servono, che in questo caso sono solo il nome e il cognome, inserendoli uno per volta.

Coraggio, il più è fatto. Non resta che andare al **passo 5** della composizione e vedremo finalmente l'anteprima del nostro messaggio, a patto di aver seguito correttamente tutti i passi precedenti. Ecco come dovrebbe apparire il nostro testo.

Vespa·Club·Italia¶
¶
¶
¶
Gent.mo·Associato¶
Felice·Orbassano¶
L.go·Turati·2¶
20100·Milano·¶
¶
¶
Oggetto:·6°·Raduno·Nazionale¶
¶
La·presente,·caro·Sig.·Felice·Orbassano,·per·invitarla·al·raduno·che·si·terrà·il·gg.·10.10.2006·a·
Genova.¶
Le·condizioni·di·partecipazione·sono·immutate·rispetto·alle·edizioni·precedenti.¶
¶
Sperando·di·averla·ancora·con·noi,·le·porgiamo·i·nostri·più·cari·saluti,¶
¶
¶

¶
Vespa·Club·Italia¶
Oliverio·Oliveri¶

Anteprima lettere

Una delle lettere unite è visualizzata di seguito in anteprima. Per visualizzare un'altra lettera, scegliere una delle seguenti opzioni:

[<<] Destinatario: 5 [>>]

Trova destinatario...

Modifiche

È anche possibile modificare l'elenco dei destinatari:

Modifica elenco destinatari...

[Escludi destinatario]

Una volta completate le operazioni nell'anteprima, fare clic su Successivo. Sarà quindi possibile stampare le lettere unite o modificare singole lettere aggiungendo commenti personali.

Passaggio 5 di 6

Successivo: Completamento unio

Precedente: Composizione letter

Come si può notare questo è il destinatario numero 5. E' possibile visionare le nostre lettere scorrendo le frecce presenti sulla colonna destra sotto la voce anteprima lettere. Se dobbiamo correggere qualcosa possiamo tornare ai passi precedenti e selezionare, ad esempio, un altro elenco degli indirizzi. In effetti non è consigliabile mandare un avviso di convocazione per una festa in maschera sexy utilizzando, per errore, l'elenco dei membri del consiglio di amministrazione della nostra azienda. O forse si.

Passo sei. Possiamo intervenire correggendo una o più lettere manualmente oppure decidere di mandare in stampa il nostro lavoro. Ci vuole meno a farlo che a leggerlo, dunque andate avanti senza timori, fino alla prossima stampa.

5.1.10 Menù Tabella

Dal menù tabella è possibile, ad esempio, inserire una nuova tabella, modificarne le caratteristiche, convertire un testo in tabella o una tabella in testo. Tabelle complesse e grafici converrà prepararli con Excel e importarli in un secondo momento.

Diamo uno sguardo al menù:

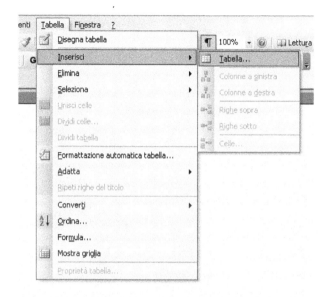

Nuova Tabella

Per inserire una nuova tabella occorre selezionare **inserisci** e quindi **tabella**. Dovremo compilare una seconda maschera, in cui viene richiesto il numero delle righe e delle colonne desiderate, la larghezza delle colonne. Se avete dimenticato una riga o una colonna, non preoccupatevi: è possibile aggiungere altre colonne, posizionandosi su una colonna e selezionando il comando desiderato con il tasto destro del Mouse.

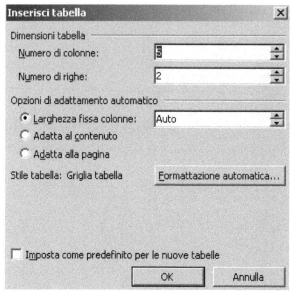

Maschera per l'inserimento di una nuova tabella

Dopo aver dichiarato quante righe e quante colonne si desidera utilizzare, Word visualizzerà una tabella simile a questa:

Adesso possiamo inserire i nostri dati, personalizzando la larghezza delle celle, inserendo titoli, etc.

Dopo un po' di lavoro, il risultato potrebbe essere questo:

Provider	DNS Secondario	DNS Primario
IOL	Auto	Auto
BLU	212.17.192.216	212.17.192.56
TIN	212.216.172.162	212.216.112.212

Abbiamo ridimensionato la larghezza delle celle, inserito i dati, i titoli, etc.

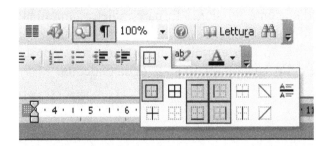

Per rendere la nostra tabella più comprensibile, possiamo selezionare i bordi in modo che siano evidenti: per fare questo innanzitutto occorre selezionare tutta la tabella posizionandoci su un vertice e, usando il mouse, tenendo premuto il tasto sinistro dello stesso, fino a raggiungere il vertice opposto (la tabella dovrebbe apparire completamente annerita).

Quindi selezioniamo l'icona relativa ai bordi (Bordo Esterno), come illustrato nella figura precedente, selezionando il tipo di bordo che più ci piace. Il risultato definitivo potrebbe essere questo:

Provider	DNS Primario	DNS Secondario
IOL	Auto	Auto
BLU	212.17.192.56	212.17.192.216
TIN	212.216.112.212	212.216.172.162

Convertire testo in tabella (e viceversa)
Da ultimo segnaliamo le funzioni sotto il menù converti: potremo convertire una tabella in testo o un testo in tabella. Questa seconda operazione è molto comoda per ottenere una tabella da un testo, ma il testo deve avere delle caratteristiche che lo possano rendere trasformabile in una tabella (es. suddiviso per campi separati da una virgola o altro segno, righe simili nell'impostazione, etc.), altrimenti la trasformazione restituirà una simil-tabella del tutto inutilizzabile.
Anche in questo caso dovremo prima selezionare il testo, quindi attivare la funzione, che proporrà una maschera di dialogo per importare le opzioni necessarie alla trasformazione richiesta.

Se il risultato non è soddisfacente possiamo tornare indietro, annullando l'operazione e riprovando nuovamente. Non sempre però i risultati sono quelli attesi, per cui se il testo non è molto lungo, converrà impostare una tabella nuova, e fare delle sane operazione di taglia e incolla.

5.1.11 Menù Finestra

Dal menù finestra possiamo effettuare due operazioni importanti:

- accedere al documento su cui vogliamo lavorare, scegliendolo tra tutti i documenti aperti;
- confrontare due documenti, per visualizzarne le differenze e decidere quale tra i due salvare e quale cancellare, quali modifiche riportare da un documento all'altro.

Spesso si arriva alla conclusione di cancellarli tutti e due, e di riscrivere il documento di sana pianta.

Confronta Documenti

Quando si attiva l'opzione confronto, lo schermo viene diviso a metà. Ciascuna delle due metà ospita una delle due versioni del documento. In questo modo possiamo scorrerli molto velocemente e notarne a colpo d'occhio le differenze. Noterete come facendo scorrere il primo documento, avanzerà in modo sincrono anche l'altro.

Per i più bravi, o per chi ama il brivido e le novità, sarà possibile utilizzare il comando **comp** dalla **shell** DOS[16]. Sento che molti di voi staranno sgranando gli occhi e penseranno che l'ho sparata grossa, ma vi assicuro che funziona, vediamo come. Intanto occorre aprire la finestra del DOS, e di solito si eseguono queste operazioni: dal bottone **Start** si

---

[16] Prima della diffusione di Windows, per usare il computer occorreva conoscere i comandi del DOS. Questi comandi sono stati conservati, con il progredire delle versioni di Windows, e sono ancora disponibili anche nelle versioni più recenti di Windows. Solo che per eseguire i comandi non richiamiamo più il vecchio sistema operativo, ma eseguiamo i comandi in una finestra di emulazione del DOS, che appunto viene chiamata SHELL del DOS.

seleziona **tutti i programmi** e quindi **accessori**. Guardando attentamente troverete una icona che rappresenta il prompt di DOS, [Prompt dei comandi] che una volta attivato, permetterà di digitare il seguente comando[17]:

comp \percorso1\file1.doc \percorso2\file2.doc /L

Dove file1.doc e file2.doc sono i due documenti che si vogliono metter a confronto. E' possibile nettere a confronto più di due file per volta, anzi è possibile confrontare intere cartelle, utilizzando il carattere jolly * che permette di identificare tutti i file all'interno dui una cartella. Il comando corretto sarà il seguente:

comp \percorso1\cartella1*.* \percorso2\cartella2*.* /L

Con questo comando metterete a confronto tutto il contenuto della **cartella1** con quello della **cartella2**; ovviamente il confronto può essere fatto anche tra due file. Il parametro **/L** indica che il sistema dovrà segnalarci i numeri di linea differenti.
Per avere ulteriori delucidazioni sull'utilizzo del comando comp, potete digitare, sempre dalla finestra DOS, il comando **help comp** e poi dare invio, verrà visualizzata la spiegazione sull'uso del comando e la spiegazione di tutti i parametri utilizzabili.
Se a questo punto la curiosità vi ha vinto, e volete andare alla (ri)scoperta dell'affascinante mondo dei comandi, digitate semplicemente Help dal Prompt dei comandi (all'interno della finestra DOS) e date invio: buona lettura.

5.1.12 Help (?)

Dal punto interrogativo della riga dei comandi, è possibile accedere agli aiuti di WORD. Potrete attivare la prima opzione (guida in linea) e

---

[17] Si può attivare la Shell del DOS anche in un secondo modo, forse più facile. Dal menù **start** selezionate esegui (di solito è l'ultima scelta in basso). Si aprirà una finestra, all'interno della quale dovrete digitare la parola **CMD** e poi premere invio. Si aprirà la finestra del DOS.

digitare la parola chiave (ad esempio stampa unione). Avremo un elenco di possibilità tra le quali poter scegliere la voce relativa all'approfondimento che più vi interessa.

5.1.13 Copiare una immagine da Internet (o da altra fonte)

Ci sono casi e situazioni in cui occorre copiare una immagine, un articolo, o qualsiasi altra cosa, ma non si tratta di documenti come li abbiamo visti finora, documenti provenienti dai software di produttività (Word, Excel, Open Office); copiare un testo, una fotografia da internet, una videata di un programma con l'indicazione di un errore richiede un approccio diverso. Per ottenere il risultato voluto dobbiamo ricorrere ad alcuni trucchetti. Vediamo i due casi principali.

Copiare un testo da Internet

Spesso può essere necessario copiare un testo da internet. Può trattarsi di un articolo, di un approfondimento oppure di un testo di legge che vogliamo avere sempre a disposizione. Se andiamo sul sito del Parlamento Italiano possiamo accedere a tutti i testi di legge.

Ad esempio, andando a vedere la legge N. 247 del 24.12.2007 (http://www.parlamento.it/leggi/07247l.htm) abbiamo a disposizione l'intero testo. In questo caso, se non è stato previsto un pulsante (sul sito) per poter scaricare tutto il testo in formato PDF, allora dobbiamo provvedere da noi.

Posizioneremo il cursore in prossimità della prima parola del titolo, e quando il cursore diventerà una barretta verticale, tenendo premuto il tasto sinistro del mouse, selezioneremo tutto il testo (o una porzione di esso), quindi utilizzeremo i comandi già conosciuti (Ctrl + C) per fare la copia del testo; apriremo un documento Word nuovo, e incolleremo il testo selezionato (Ctrl + V).

Questa modalità si applica a tutti gli articoli e testi copiabili, ma non sempre i testi sono così facilmente copiabili; in questi casi b bisognerà usare una tecnica diversa.

Copiare immagini da Internet

Se il testo non è copiabile, oppure vogliamo copiare una immagine o una porzione di essa, allora dobbiamo procedere nel modo seguente.

Partendo dal sito (nell'esempio è quello riprodotto nella figura sottostante), faremo una foto (in termine tecnico snapshot = istantanea), utilizzando il tasto **Stamp**, che di solito si trova in alto sulla tastiera.

Premendo Stamp, faremo una foto al video, così come si trova in quel momento, parcheggiando la foto nella memoria di lavoro del computer. Utilizzando poi la sequenza di tasti per incollare l'immagine, otterremo il seguente risultato.

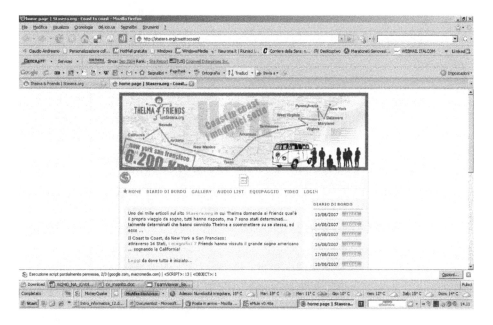

Fin qui, se avete provato, è relativamente facile. Adesso dobbiamo ritagliare il pezzo di immagine che ci interessa, e per fare questo utilizzeremo il programma **Paint**. Per attivare Paint, andremo sul menù **Start – Tutti i programmi – Accessori**, dove troveremo Paint. Incolleremo l'immagine su Paint, e ritaglieremo la porzione di video che ci i interessa.

I due bottoni in alto sono quelli che permettono di ritagliare la nostra foto. L'icona a stella consente di tagliare una porzione non regolare della foto (utile se vogliamo tralasciare una porzione di immagine), mentre l'icona rettangolare permette di rifilare al meglio l'immagine.

Selezioniamo il bottone rettangolare, e posizioniamo il cursore al vertice a partire dal quale vogliamo ritagliare la nostra foto. Vedrete che il cursore prenderà le sembianze di un mirino. Posizionatevi sul vertice alto e, tenendo premuto il tasto sinistro del mouse, disegnate il rettangolo che deve contenere la vostra foto. Rilasciate il tasto del mouse e fate la copia dell'immagine (Ctrl+C). Adesso posizionatevi sul documento Word per fare incolla (Ctrl+V). Otterrete un risultato simile a questo.

Confrontate questo risultato con l'immagine del sito che è stata riprodotta in precedenza.

Questa modalità di copia non permette di intervenire sul testo per fare delle modifiche, dato che, a tutti gli effetti, si tratta di una foto; in compenso, però, abbiamo la possibilità di ingradire o rimpicciolire l'immagine in modo piuttosto semplice. Basterà puntare all'interno dell'immagine, fino a quando appare un bordo nero, e posizionando il cursore in uno degli angoli della foto, tenendo contemporaneamente premuto il tasto destro del mouse, potremo modificare la foto, come si può vedere nell'immagine seguente.

6 EXCEL

Excel appartiene alla categoria dei fogli elettronici. Un foglio elettronico è uno strumento che consente di gestire tabelle di dati, anche complesse, inserire formule matematiche, statistiche, finanziarie, e che consente di fare proiezioni e verificare gli scenari sulla base dei dati inseriti.

Una tabella è un insieme di dati elementari che sono logicamente connessi tra loro: l'elenco dei vostri amici è una tabella, il vostro estratto conto è una tabella, la classifica di una gara è una tabella. Su di una tabella potete indicare il nome sulla prima colonna, il cognome sulla seconda, e così via, fino ad avere censito tutti i dati che vi interessano; questa fase è in genere molto importante dato che progettare una buona tabella è generalmente più importante che riempirla di dati.

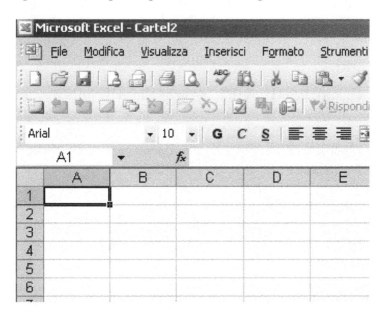

Come si può vedere dall'immagine, il foglio elettronico si presenta come una griglia di celle, numerate a sinistra e con le lettere dell'alfabeto in alto. In questo modo è possibile individuare sempre ciascuna cella attraverso una coppia di coordinate (es. A6, C8, etc.), un po' come nella battaglia navale.

Excel può arrivare a gestire fino a 256 colonne e 65536 righe. Si tratta di valori elevati nell'utilizzo ordinario di Excel, ma assolutamente inadeguati a gestire archivi anche di piccole e medie aziende: Excel non può sostituirsi ad un Data Base né ad un programma di contabilità.

6.1   Elementi di base

Ogni cella è dunque individuata univocamente da una coppia di coordinate e può essere richiamata all'interno di un'altra cella. Una cella può contenere numeri, lettere e descrizioni, formule. Se introduciamo numeri e lettere in una cella, non dobbiamo fare nulla, ma se invece inseriamo una formula, occorre iniziare con il segno =.

Quando inseriamo un contenuto alfabetico (o alfanumerico, come si usava dire qualche anno fa), Excel provvede automaticamente ad allineare il contenuto della cella a sinistra, mente inserendo un numero provvederà automaticamente ad allineare il valore a destra.

Se capita di dover inserire un numero che non deve essere utilizzato come numero (strano vero? Insomma intendo dire un numero che vogliamo allineato come le lettere e su cui non faremo mai dei calcoli), allora dobbiamo prima inserire un apice (') e poi il numero. In questo modo il numero viene interpretato come carattere alfabetico e viene allineato a sinistra.

Se in una cella voglio riportare il valore di un'altra cella, scriverò il segno = e il riferimento della cella: =C12, significa che la cella su cui sono posizionato assumerà il valore della cella C12, sia esso numerico che alfanumerico.

Supponiamo di voler impostare un bilancino di una ditta, relativamente ai suoi tre prodotti A, B, e C. Alla riga sette, come si può facilmente vedere, abbiamo inserito una formula, che calcola la differenza delle celle soprastanti. La formula della cella B7 è: =B4-B5, che corrispondono al fatturato totale meno le rettifiche di fatturato.

Arraffa e Sparisci Spa Descrizione	A	Prodotti B	C	TOTALE
Fatturato lordo	22.620	12.375	4.794	**39.789**
- Rettifiche di fatturato	1.020	555	354	**1.929**
Vendite Nette	21.600	11.820	4.440	**37.860**
- costi Industriali Variabili del Venduto	8.640	4.020	1.605	**14.265**
Margine di Contribuzione Lordo Ind.	12.960	7.800	2.835	**23.595**
- Costi Variabili Commerciali	945	813	1.536	**3.294**
Margine di Contribuzione Lordo Comm.le	12.015	6.987	1.299	**20.301**
- spese fisse commerciali	1.620	810	0	**2.430**
Margine di Contribuzione Netto Comm.le	10.395	6.177	1.299	**17.871**
- spese Fisse Industriali Proprie				**9.405**
Margine di Contribuzione Lordo del Prodotto				**8.466**

Dati in K€

Il bello di questa cosa è che è possibile utilizzare lo stesso modulo per tutti gli anni a venire, una volta impostato il modello base. Inserendo poche cifre avremo sempre una situazione sotto controllo.

Se dobbiamo effettuare un totale di molte cifre (già inserite) possiamo operare in molti modi differenti. Il più banale è quello di inserire nella cella del totale la formula =d4+d5+d6+.....dn, nel caso in cui vi interessi calcolare il totale della colonna D, ma esistono due modi migliori e più veloci per fare la stessa operazione.

Possiamo scrivere **=SOMMA(d4:dn)** ad esempio, per ottenere lo stesso risultato. Scopriamo così che esistono parole riservate (SOMMA) che consentono di fare alcune operazioni un po' più complesse, in tempi minori.

Il formato di una formula, in genere, è quello illustrato nell'esempio precedente: si parte con il segno di uguale = per indicare che siamo in presenza di una formula, poi deve essere inserita la formula vera e propria. Il primo caso è l'inserimento di una parola riservata, come **somma**, che avverte Excel che dobbiamo sommare qualcosa; l'argomento della parola chiave illustra quali campi dobbiamo sommare tra loro (nell'esempio tutti i valori compresi tra d4 e dn).

Nel caso specifico della somma potevamo, più semplicemente, posizionarci sulla cella che deve contenere il totale e utilizzare la funzione sommatoria $\sum$ che si trova facilmente sulla barra del menù. (Se non la trovate dovrete impostare il menù per renderla visibile, vedremo come nei capitoli successivi, oppure potete andare nel menù **Inserisci**, e selezionare **Funzione**. Nella finestra di scelta che vi viene messa a disposizione c'è la funzione somma, che andrete a selezionare). La funzione $\sum$ visualizzerà automaticamente il range delle celle da sommare, evidenziandolo con un rettangolo che sembra essere intermittente, e mostrando la formula risultante (il range è l'intervallo delle celle da sommare, ma detto in Inglese fa più professionale); se l'intervallo mostrato non risponde alla vostra esigenza dovrete modificarlo.

Nei capitoli successivi vedremo meglio l'importanza e l'utilizzo delle formule. Adesso vediamo come, una volta inserita una formula o un dato, posso "trascinare" il dato nelle altre celle di mio interesse.

6.2   Trascinamento dati e formule e riferimenti delle celle

Se capita, come nell'esempio che abbiamo appena visto, di dover impostare una colonna con delle formule (oppure con numeri, sigle, codici, etc.), e in seguito scopriamo che questa colonna può fungere da base per altre colonne, che hanno un'impostazione uguale alla colonna (oppure alla riga) appena impostata, allora possiamo utilizzare la funzione di trascinamento di Excel.

La funzione di trascinamento permette di copiare dati e formule da una cella alle successive. Vediamo come.

Innanzitutto ci posizioneremo nel punto esatto da cui vogliamo partire; possiamo partire da una singola cella o da un insieme di celle selezionate in precedenza, quindi posizioneremo il puntatore (con il mouse), nell'angolo in basso a destra della cella. Il puntatore diventerà un $+$ (un + in grassetto); adesso, premendo il tasto sinistro del mouse, possiamo spostarci sulla tabella (nella direzione di proprio interesse) e il dato (o la formula) verranno copiati nelle celle verso le quali abbiamo spostato il puntatore con il mouse. Con alcune interessanti variazioni.

Se avete inserito un numero, questo verrà copiato tale e quale nelle celle successive; se invece avete inserito una data, noterete come ad ogni cella successiva la data verrà incrementata di un giorno, se avete inserito un codice alfanumerico con la parte finale numerica, anch'esso verrà incrementato di uno, come si può notare nell'esempio sottostante.

	A	B	C	D	E	
1						
2	Data	Articolo	Quantità	Prezzo	Valore della	
3				Unitario	Giacenza	
4						
5	26/02/2005	CJ221	100	13,45 €	1.345,00 €	
6						
7						
8						

Situazione di partenza.

103

	A	B	C	D	E	F
1						
2	Data	Articolo	Quantità	Prezzo	Valore della	
3				Unitario	Giacenza	
4						
5	26/02/2005	CJ221	100	13,45 €	1.345,00 €	
6	27/02/2005	CJ222	100	13,45 €	1.345,00 €	
7	28/02/2005	CJ223	100	13,45 €	1.345,00 €	
8	01/03/2005	CJ224	100	13,45 €	1.345,00 €	
9	02/03/2005	CJ225	100	13,45 €	1.345,00 €	
10	03/03/2005	CJ226	100	13,45 €	1.345,00 €	
11	04/03/2005	CJ227	100	13,45 €	1.345,00 €	
12	05/03/2005	CJ228	100	13,45 €	1.345,00 €	
13	06/03/2005	CJ229	100	13,45 €	1.345,00 €	
14	07/03/2005	CJ230	100	13,45 €	1.345,00 €	
15	08/03/2005	CJ231	100	13,45 €	1.345,00 €	
16	09/03/2005	CJ232	100	13,45 €	1.345,00 €	
17	10/03/2005	CJ233	100	13,45 €	1.345,00 €	
18						
19						

Situazione dopo il trascinamento delle celle.

La prima colonna, contenente la data, è stata incrementata in modo automatico, per cui partendo dal 26 febbraio, siamo arrivati al 10 marzo. Excel è fatto così. La seconda cella conteneva un codice alfanumerico, con la parte numerica in fondo, e anch'essa è stata incrementata di uno per ogni cella. Gli altri valori, invece, sono rimasti uguali.

In particolare, la formula della cella E5 (che calcola il valore della giacenza) è stata traslata per tutte le colonne selezionate copiando la formula nelle celle sottostanti, per cui ogni cella calcola il valore relativo di ciascuna riga.

Nell'esempio il valore (colonna E) è rimasto uguale, ma basterà modificare la quantità (colonna C) o il prezzo unitario (colonna D), per verificare che il calcolo della giacenza cambierà in funzione dei nuovi valori digitati.

Le opzioni di Excel non sono sempre desiderabili e in alcuni casi dovremo essere noi ad "aiutare" Excel a capire quello che vogliamo.

6.3 Formattazione delle celle

Ogni cella può contenere valori numerici, alfanumerici o formule. Possiamo però cambiare il formato di una cella o di un gruppo di celle secondo il nostro interesse. Nell'esempio citato prima, abbiamo celle che contengono una valuta e celle che contengono date. Per assegnare ad una cella il formato desiderato dobbiamo andare sulla barra dei menù e selezionare **Formato – Celle**. Apparirà una maschera che permetterà di assegnare il formato desiderato. Adesso sceglieremo data nella **Categoria**, e il formato di data nel box relativo al **Tipo** di data che vogliamo visualizzare.

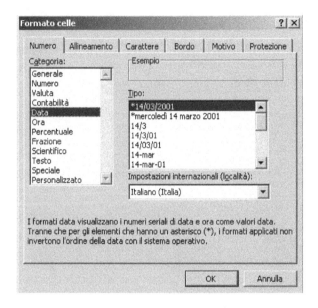

Dando invio (OK) assegneremo il formato desiderato. Nota che è possibile assegnare lo stesso formato a più di una cella per volta semplicemente selezionandole tutte prima di eseguire l'operazione di formattazione.

Come si può vedere è possibile scegliere diverse tipologie di formattazione della cella: data, ora, valuta, percentuale, numero, etc., e per ciascun formato possiamo ulteriormente scegliere come vogliamo che appaia la cella (quante posizioni decimali, numeri negativi segnati in rosso, separatore delle migliaia, etc.). Provate i differenti formati per capire meglio l'utilizzo di ciascun formato.

Se in una cella inserite un testo troppo lungo, avrete bisogno di poter andare a capo e di ingrandire un po' la cella relativa. Per operare formattazioni di questo tipo occorre utilizzare un secondo menù di formattazione che si trova sulla linguetta **allineamento**.

All'interno di questa opzione sceglieremo l'opzione testo a capo, che nella figura di esempio vedete già selezionato, e il testo si disporrà su più righe all'interno della stessa cella; possiamo variare la larghezza della colonna fino a raggiungere il risultato desiderato.

Sempre su questa maschera esiste un'altra opzione importante, che permette di cambiare l'orientamento del testo per poter visualizzare un testo in verticale oppure in obliquo. Per poter utilizzare questa opzione, potete digitare il numero dei gradi di inclinazione che si vogliono assegnare al testo, oppure spostare il puntatore dell'inclinazione con il mouse, tenendo premuto il tasto di destra.

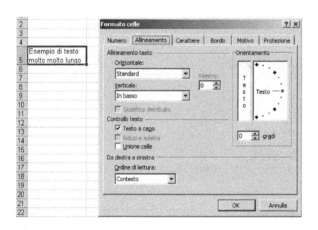

Esistono molte altre opzioni che riguardano aspetti grafici e di presentazione: in generale sono abbastanza facili, ed è possibile provare da soli le varie opzioni, per cui passiamo certamente all'aspetto più esaltante (se proprio ci tenete) di Excel: l'utilizzo delle formule.

6.4 Inserimento delle formule

Abbiamo visto come inserire delle formule in precedenza, ma con Excel è possibile inserire formule decisamente più complesse, che possono aiutarci nel fare calcoli e conteggi complessi. Daremo un breve sguardo solo ad alcune di queste, anche perché esistono, per Excel, testi specializzati per l'utilizzo di formule nei più svariati campi, con decine di esempi allegati.

6.4.1 Note generali sull'utilizzo delle funzioni

Per utilizzare una funzione o una formula bisogna tenere presenti alcuni concetti generali. Il computer, e i programmi che vengono utilizzati, benché estremamente evoluti hanno ancora alcuni limiti: non riescono, ad esempio, a capire esattamente quello che vogliamo se non rispettiamo le regole di utilizzo. Aspettando la prossima generazione di PC, quella a cui ci si potrà rivolgere con il nostro linguaggio naturale (rivolto al microfono del computer: "caro, mi faresti la deviazione standard dei dati che ti ho appena inserito? Grazie caro, ottimo lavoro"), oggi dobbiamo ancora usare i noiosi linguaggi di programmazione e, nel caso di Excel, inserire le formule rispettando il formato atteso. Excel comunque è di grande aiuto mostrando, in termini generali, come deve essere inserita la formula e a cosa serve.

Ogni formula inizia con il segno di uguale (=) e prosegue utilizzando alcuni segni distintivi. Dopo l'uguale possiamo utilizzare i segni di calcolo, facendo attenzione al segno di moltiplicazione, che è identificato da un asterisco (*) e dal segno di divisione, una sbarra (/). Poi abbiamo altri segni utilizzabili. I due punti (:) identificano un intervallo. Ad esempio A5:A10 significa: prendi in considerazione tutte le celle da A5 ad A10 comprese. Il segno punto e virgola (;) invece serve per separare gli argomenti di una funzione. Vedremo nel capitolo successivo come utilizzare questi segni speciali.

6.4.2 Panoramica generale sulle funzioni

Excel ha a disposizione una quantità industriale di funzioni, che riguardano molti aspetti utilizzati con frequenza sul lavoro. Se le funzioni a disposizione ancora non fossero sufficienti, è possibile inserire intere librerie di funzioni o dall'installazione di Excel, o utilizzando programmi di terze parti.

Per verificare le funzioni presenti su Excel, andate sulla barra del menù alla voce inserisci e cercate nell'elenco la voce Inserisci Funzione. Comparirà la seguente maschera di scelta, da cui è possibile scegliere la funzione desiderata.

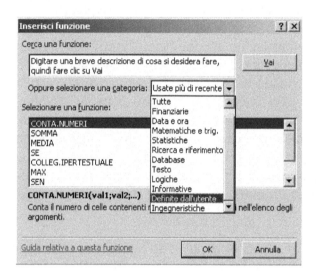

Nel primo riquadro possiamo ricercare la funzione inserendo un testo che evidenzi le parole chiave del tipo di operazione che desideriamo fare. Possiamo selezionare anche una categoria di funzioni dall'elenco delle categorie presenti. Selezionando le funzioni finanziarie verranno evidenziate tutte le funzioni precaricate da excel che riguardano l'analisi finanziaria, oppure le funzioni statistiche, etc.
Nel box più grande, invece, avremo l'elenco delle funzioni appartenenti alla categoria selezionata: qui dovremo scorrere l'elenco fino a raggiungere la funzione desiderata. Appena sotto il box, in grassetto, compare una breve descrizione del formato che deve avere la formula. Spesso questa spiegazione non è esaustiva; ad esempio la spiegazione della funzione somma è SOMMA(num1;num2;...), ma non viene citato l'esempio somma(A1:A10), che permette di sommare tutti i numeri compresi in un intervallo di celle. In generale il consiglio è: provate la formula da voi stessi, utilizzando poche celle e pochi dati, per capire

esattamente se è quella la formula che fa al caso vostro e se avete capito bene la modalità di utilizzo della funzione che state esaminando.

Utilizzare le formule è relativamente semplice, ma per capirne bene il significato occorre, spesso, una preparazione specifica sull'argomento, che non è, ovviamene, lo scopo di questo manuale.

6.4.3 Alcune funzioni di esempio

Se, ad esempio, dovete contare le voci di un intervallo di dati, potete usare una funzione molto interessante: CONTA.SE. Questa funzione ha il seguente formato: CONTA.SE (intervallo; oggetto del conteggio), o meglio CONTA.SE(F12:F50; "Robbie Williams"). Conterete tutti i "Robbie Williams" presenti nel vostro foglio Excel nelle celle comprese tra la F12 e la F50.

Vediamo ora un esempio più serio. Ipotizziamo di dover contare quanti ordini hanno fatto tre nostri clienti e l'importo totale degli ordini fatti. Nella tabella che segue abbiamo tre clienti e per ciascuno di questi possiamo avere uno o più ordini con un importo valorizzato. Per sapere quanti ordini ha fatto ciascuno nostro cliente la formula è quella appena illustrata, che aggiornata con i dati dell'esempio diventerà la seguente:

=CONTA.SE(A3:A8;"Rossi").

Il risultato è facilmente verificabile. Per contare gli ordini di Verdi e Bianchi basterà ricopiare la formula (o trascinarla, visto che ormai sappiamo come fare), lasciando inalterato il range di ricerca, e sostituendo i nomi all'interno degli apici.

Appena un po' più complesso è calcolare il totale degli ordini fatti da ciascun cliente; per questo useremo una formula simile, che contiene però un ulteriore argomento.

Cliente	N. Ordine	Importo totale
Rossi	234	€ 2.350,00
Verdi	566	€ 4.500,00
Rossi	766	€ 3.400,00
Bianchi	845	€ 2.470,00
Rossi	976	€ 5.600,00
Bianchi	1021	€ 4.700,00
Totale		€ 23.020,00

Nome	Totale ordini	Totale importo
Rossi	3	€ 11.350,00
Verdi	1	€ 4.500,00
Bianchi	2	€ 7.170,00

La funzione utilizzata è la seguente:

=SOMMA.SE(A3:A8;"rossi";C3:C8).

Il primo intervallo è quello all'interno del quale ricercheremo il valore di interesse: in questo caso "rossi"; il secondo argomento cita, tra doppi apici, il valore o la stringa da ricercare; il terzo argomento della funzione dice quale intervallo deve essere utilizzato per fare le somme. In italiano corrente potremmo tradurre la funzione in questo modo:

Ricerca nell'intervallo da A3 ad A8 il termine Rossi, e ogni volta che lo trovi, somma il numero che trovi nell'intervallo da C3 a C8, in corrispondenza del valore trovato.

Ricopiando la funzione per ogni nominativo, lasciando inalterati gli intervalli di ricerca, come già mostrato in precedenza, si otterrà il risultato presentato nella tabella. Avremo i totali ordinati dai nostri clienti, sia come importo che come numero di ordini fatti.
Quindi, nell'esempio appena riportato vediamo che per Rossi abbiamo 3 nel totale ordini (utilizzando la funzione CONTA.SE), mentre per

l'importo totale degli ordini di Rossi abbiamo 11.350€ (utilizzando la funzione SOMMA.SE).

6.5 Riferimenti relativi e assoluti

Abbiamo visto come ogni cella sia identificata da una coppia di valori, una lettera ed un numero, e che questo riferimento può essere a sua volta utilizzato all'interno di una formula. Così, se vogliamo utilizzare una cella che contiene il totale per fare un determinato calcolo, potremo far riferimento a quella cella utilizzando il suo riferimento (es. A16).

Sappiamo anche come fare per "trascinare" una formula da una cella alle celle sottostanti o a quelle di lato, operazione molto utile perché consente, ad esempio, di definire il totale solo sulla prima cella di una serie, e quindi trascinare la formula nelle celle vicine, evitando di dover riscrivere la formula tutte le volte. Così facendo excel sposta i riferimenti delle celle, che per questo motivo vengono chiamati riferimenti relativi.

	B12	▼	fx	=SOMMA(B5:B11)		
	A	B	C	D	E	
1	Consuntivo	2004				
2						
3		G	F	M	A	M
4						
5	Prodotto 1	135.720	112.990	145.330	390.718	2
6	Prodotto 2	86.345	76.982	82.345	197.653	1
7	Prodotto 3	117.635	108.212	97.634	265.789	1
8	Prodotto 4	26.789	37.882	46.777	97.654	1
9						
10						
11						
12	Totali Mese	366.489				

Nell'esempio precedente abbiamo definito una riga di totali (la riga 12) e abbiamo inserito la formula del primo totale, che si può vedere sulla riga delle funzioni in alto. La formula è una semplice funzione di somma, e utilizza le celle da B5 a B11. Anziché digitare la stessa formula per tutti gli altri mesi del nostro prospetto, trascineremo la formula con le modalità già viste nel cap. 6.2.

D12	▼	ƒx	=SOMMA(D5:D11)		

	A	B	C	D	E	
1	Consuntivo	2004				
2						
3		G	F	M	A	M
4						
5	Prodotto 1	135.720	112.990	145.330	390.718	2(
6	Prodotto 2	86.345	76.982	82.345	197.653	1:
7	Prodotto 3	117.635	108.212	97.634	265.789	1:
8	Prodotto 4	26.789	37.882	46.777	97.654	1·
9						
10						
11						
12	Totali Mese	366.489	336.066	372.086	951.814	6(

Se ci posizioniamo sulla cella D12, come nell'esempio, vediamo che i riferimenti all'interno della cella sono stati modificati: adesso non vengono sommate le celle della colonna B, quella da cui siamo partiti, ma quelle della colonna D (mese di Marzo). Questo perché le celle vengono utilizzate normalmente come riferimenti relativi.

Se però volessimo, nella riga 14, provare a fare delle proiezioni di crescita per il 2005 utilizzando sempre lo stesso parametro, dovremo utilizzare una sola cella contenente il valore dell'incremento che vogliamo verificare, e fare in modo che tutte le formule facciano riferimento sempre alla stessa cella. Questo è quello che si chiama **riferimento assoluto**.

Per utilizzare una cella in modo che questa non venga traslata quando si copia una formula, e ottenere così un riferimento assoluto, occorre mettere un $ davanti alla lettera e/o alla cifra che identifica la cella, come si può vedere nell'esempio sottostante.

E14	▼	ƒx	=E12+E12*G1				

	A	B	C	D	E	F	G	
1	Consuntivo	2004		tasso di crescita previsto:			4,70%	
2								
3		G	F	M	A	M	G	L
4								
5	Prodotto 1	135.720	112.990	145.330	390.718	287.615	222.431	18
6	Prodotto 2	86.345	76.982	82.345	197.653	135.513	123.987	8
7	Prodotto 3	117.635	108.212	97.634	265.789	123.948	123.321	13
8	Prodotto 4	26.789	37.882	46.777	97.654	118.209	134.872	11
9								
10								
11								
12	Totali Mese	366.489	336.066	372.086	951.814	665.285	604.611	53
13								
14	Proiezioni 2005	383.714	351.861	389.574	996.549	696.553	633.028	55
15								

Nella riga della funzione (*fₓ*) di questa figura è possibile vedere l'utilizzo del riferimento assoluto.

Per il calcolo delle proiezione, come nell'esempio precedente, abbiamo costruito la nostra formula nella cella B14 riferendoci al mese di gennaio, quindi abbiamo *trascinato* la formula fino alla cella del mese di dicembre.

Prima di trascinare la formula, avremo avuto l'accortezza di rendere assoluto il riferimento della cella contenente il valore della proiezione, utilizzando il tasto funzione **F4**[18]. Se adesso andiamo a vedere cosa c'e' scritto nella cella della proiezione di aprile, (cella E14), vedremo come si fa riferimento al tasso di crescita previsto, posizionato nella cella G1, che nella formula si presenta nel suo riferimento assoluto **G1**.

Per ottenere il riferimento assoluto in modo automatico, mentre si compila la formula, basterà premere il tasto **F4** appena digitata la cella di interesse; Excel renderà assoluto il riferimento della cella.

E' possibile, naturalmente, rendere assoluta solo la riga o solo la colonna, quindi potremo vedere la stessa cella come $G1 (rimane fissa la colonna, ma può variare la riga) o G$1 (caso simmetrico del precedente).

6.6 *Macro*

Le macro rappresentano un utilizzo evoluto di Excel che però esula dall'obiettivo di questo manuale. Tuttavia ritengo che sapere cosa sono, che esistono, e come si può fare per attivarle, dovrebbe mettervi nelle condizioni di sapere almeno dove cercarle, casomai un giorno vi venga l'irrefrenabile impulso di provare a farvi le vostre macro.

---

[18] Potete ottenere lo stesso risultato modificando voi stessi il valore della cella di riferimento. Quando, all'interno di una formula, vogliamo trasformare un riferimento relativo in uno assoluto, possiamo operare nel modo appena indicato, usando il tasto funzione F4, oppure introducendo manualmente un $ davanti alla riga e/o alla colonna, per ottenere il valore finale dell'esempio: G1. Ogni pressione del tasto F4 produrrà una modifica del riferimento: la seconda pressione darà G$1, la terza $G1, la quarta nuovamente il valore originario.

Quando e perché registrare una macro

Perché è utile fare delle macro? Capita a volte di fare delle noiose attività ripetitive, che costringono a fare le stesse operazioni più e più volte e che proprio per questo possono facilmente indurre in errore. Dunque, quando avete operazioni piuttosto lunghe e ripetitive da compiere vale la pena di pensare alle macro.

Le macro non sono altro che dei piccoli programmi che possono essere scritti con facilità e che, una volta registrati e richiamati, svolgono il compito per cui sono stati pensati.

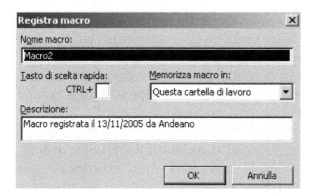

Vogliamo provare? Apriamo un nuovo documento, selezioniamo il **menù strumenti** e il sottomenù **macro** all'interno di questo. Abbiamo diverse opzioni a disposizione, ma sceglieremo l'opzione **registra nuova macro**. Adesso dobbiamo dare un nome alla Macro, nome che servirà per richiamare la macro e a ricordare lo scopo per cui la macro è stata progettata Quindi sceglieremo una lettera da abbinare al tasto control (CTRL) per richiamare la macro in modo veloce (es. CTRL Z).

Dopodichè dobbiamo decidere dove vogliamo registrare la macro; possiamo registrare le macro nel nostro foglio di lavoro, oppure nella cartella generale in cui terremo tutte le nostre macro; adesso viene il bello. Dato l'invio, da questo preciso momento ogni operazione che farete sul foglio di lavoro verrà registrata fino a quando non tornerete sul menù strumenti e direte stop alla registrazione della macro.

Consiglio: prima di registrare una macro utilizzando questo metodo dovete avere bene chiaro quale è il vostro obiettivo, per evitare giri strani nel foglio che verrebbero inutilmente registrati[19].

Vediamo come scrivere una semplice macro: attiviamo la registrazione della macro, quindi posizioniamo il cursore sulla cella da cui vogliamo partire e dal menù **strumenti – macro** attiviamo la registrazione della nostra macro.

Adesso inserite nella prima cella il testo della finestra di dialogo "Macro di prova", date invio e spostatevi di una cella in basso scrivendo data, di una cella a destra scrivendo la formula =oggi() (funzione che restituisce la data di sistema); spostatevi sulla cella B13 e inserite la formula della somma da B4 a B12 [somma(b4:b12)], quindi sulla cella A13 in cui inserirete la dicitura TOTALE. Direi che come esempio può bastare, per cui torniamo sul menù Strumenti, Macro, e scegliamo interrompi registrazione. La macro è cucinata ed è pronta per essere servita. Provate ad aprire un nuovo documento e a digitare CTRL+Z, e vedrete comparire davanti ai vostri (increduli?) occhi il foglio già pre-impostato come noi l'abbiamo costruito. Se avete seguito le istruzioni correttamente dovreste avere un foglio simile a questo.

---

[19] Se nel registrare una macro vi spostate sul foglio magari scrivendo qualcosa per poi cancellarlo subito dopo, la macro registrerà tutti i vostri spostamenti, anche quelli sbagliati, e li ripeterà ogni volta che attiverete quella macro. Dunque la raccomandazione, quando registrate una macro con questo metodo, è di procedere prima a una prova, quindi ripetete il tutto con calma, evitando di sbagliare frequentemente.

B13	▾	fx	=SOMMA(B4:B11)	
	A	B	C	D
1	Macro di prova			
2	Data	13/11/2005		
3				
4				
5				
6				
7				
8				
9				
10				
11				
12				
13	TOTALE	0		
14				

Sulla riga delle funzioni compare la formula che abbiamo impostato. Il bello è che una volta costruita, una macro, può essere richiamata ogni volta che si apre un nuovo foglio o un nuovo file. Una bella comodità se pensiamo di utilizzare più e più volte uno stesso schema di lavoro. Con un po' di pratica possiamo realizzare Macro anche molto complesse e, come abbiamo appena visto, facilmente richiamabili.

Certo è un peccato interrompere proprio adesso che l'argomento iniziava a farsi interessante, ma se l'argomento proprio vi interessa e non vi fa dormire, meglio fare un salto in libreria: esistono molti testi sull'argomento.

6.7 Menù Dati

L'ultima scelta del menu che andiamo ad esaminare è relativo al menù dati. Da questo menù è possibile fare alcune operazioni considerando Excel una sorta di piccolo database. Ad esempio sarà possibile ordinare i dati secondo un ordine diverso da quello impostato, importare ed esportare dati, anche in formato XML per il successivo utilizzo con altri prodotti.

Vediamo come riorganizzare i dati utilizzando la funzione ordina, la prima del menù dati. Riprendiamo il foglio già utilizzato e vediamo come procedere per ottenere un ordinamento di dati.

	A	B	C
1	Cliente	N. Ordine	Importo totale
2			
3	Rossi	234	€ 2.350,00
4	Verdi	566	€ 4.500,00
5	Rossi	766	€ 3.400,00
6	Bianchi	845	€ 2.470,00
7	Rossi	976	€ 5.600,00
8	Bianchi	1021	€ 4.700,00
9			
10	Totale		€ 23.020,00
11			
12	Nome	Totale ordini	Totale importo
13			
14	Rossi	3	€ 11.350,00
15	Verdi	1	€ 4.500,00
16	Bianchi	2	€ 7.170,00
17			

Per ordinare i dati di una tabella, in modo che i clienti siano mostrati in ordine alfabetico, occorre innanzitutto selezionare l'intervallo dei dati partendo dalla prima cella della matrice interessata, A3, e aiutandosi con il mouse o con il cursore selezionare le celle fino alla cella C8. Dovreste ottenere un riquadro di colore più scuro in corrispondenza dell'intervallo selezionato, come esposto in figura. Adesso andiamo sul menù **Dati** e selezioniamo **Ordina**; vedremo una finestra di scelta come quella sottostante.

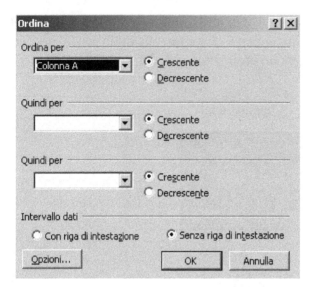

Possiamo ordinare i dati selezionati secondo tre criteri, ma sceglieremo solo il primo criterio di ordinamento. Ordiniamo i dati utilizzando quelli selezionati nella colonna A e utilizzeremo un criterio di ordinamento crescente (lo stesso, per intenderci, dell'elenco telefonico). Diamo OK e godiamoci il risultato.

	A	B	C
1	**Cliente**	**N. Ordine**	**Importo totale**
2			
3	Bianchi	845	€ 2.470,00
4	Bianchi	1021	€ 4.700,00
5	Rossi	234	€ 2.350,00
6	Rossi	766	€ 3.400,00
7	Rossi	976	€ 5.600,00
8	Verdi	566	€ 4.500,00
9			
10	Totale		€ 23.020,00
11			
12	**Nome**	**Totale ordini**	**Totale importo**
13			
14	Rossi	3	€ 11.350,00
15	Verdi	1	€ 4.500,00
16	Bianchi	2	€ 7.170,00
17			

Come si può vedere, adesso abbiamo i nostri clienti ordinati in modo alfabetico. Più interessante è notare che i dati di vendita totale, nel prospetto sottostante hanno seguito l'ordinamento di tutta la tabella. Questo perché quando abbiamo selezionato le celle da ordinare, abbiamo esteso la selezione anche alle colonne B e C, che contengono i dati collegati ai clienti della colonna A. In questo modo i dati relativi a Bianchi, Rossi e Verdi rimangono ancorati ai loro proprietari. Se avessimo escluso le colonne B e C dalla nostra selezione, avremmo ordinato solo la colonna A e avremmo avuto i dati di vendita mischiati tra loro.

Possiamo ordinare i dati anche per le colonne B e C, o comunque per ulteriori due colonne. Ad esempio, in un elenco in cui la prima colonna rappresenta il cognome, e la seconda il nome, possiamo ordinare entrambe le colonne in ordine alfabetico, così avremo tutti i cognomi ordinati, e all'interno dei cognomi, avremo ordinati anche i nomi (Colonna B); avremo quindi prima Parodi Attilio e dopo Parodi Roberto.

Ciascuna colonna può essere ordinata in ordine crescente o decrescente, in funzione delle nostre esigenze.

Esiste un'altra opzione, però, facile da utilizzare e molto veloce da applicare. Intanto vediamo come si applica. Innanzitutto ci posizioneremo sulla prima riga del nostro foglio (quello che contiene l'intestazione), e selezioneremo l'intera riga di intestazione. Quindi dal **menù dati – filtro** – si seleziona **filtro automatico**. IL risultato è quello che potete vedere nella figura sottostante.

Come si può vedere, a fianco di ciascuna delle voci di intestazione (riga 8) c'è un triangolino che punta verso il basso. Selezionando quel triangolino con il mouse, comparirà una finestra che ci mostrerà l'intera colonna ordinata in modo crescente, come in figura.

		Microsoft Excel - SanLuca_2007.xls		
		File Modifica Visualizza Inserisci Formato Strumenti Dati Finestra ?		
A9		*fx* 1		
A	**B**	**C**	**D**	**E**
1		5° TROFEO PODISTICO COMUNITA' MONTANA		
2		SUOL D'ALERAMO - ANNO 2007		
3		27^ prova - 15 AGOSTO 2007		
4				
5		SAN LUCA DI MOLARE "26^ CAMMINATA PANORAMICA"		
6		KM 8,200		
7		ORDINE D'ARRIVO		
8	Posizione ▼	Cognome ▼	Nome ▼	Società ▼	Tempo ▼
9	1 GAMBETTA	SILVIO	(Tutto)	31'57"
10	2 MERLO	ALESSIO	(Primi 10...) (Personalizza...)	
11	3 GALATINI	MASSIMO	ALBA DOCILIA SAVONA	
12	4 TARDITO	GIUSEPPE	ATA ACQUI	
13	5 SCABBIO	DIEGO	ATLETICA ALESSANDRIA	
14	6 ACCORNERO	GIANNI	ATLETICA CAIRO ATLETICA NOVESE	
15	7 GENESIO	ALBERTO	ATLETICA OVADESE	
16	8 PENSA	VINCENZO	ATLETICA PAVIA	
17	9 MARINO	RICCARDO	ATLETICA TRANESE ATLETICA VARAZZE	
18	10 FASANO	FABRIZIO	AVIS CASALE	
19	11 BESSINI	ALESSANDRO	AVIS PAVIA	
20	12 ALBERTINI	ANDREA	BANCA D'ITALIA GENOVA BOGGERI ARQUATA	
21	13 COGNETTO	GUIDO	BRANCALEONE ASTI	
22	14 VALLOSIO	SERGIO	CARTOTECNICA AL	
23	15 SCIUTTO	GIANCARLO	CITTA' DI GENOVA DELTA GENOVA	
24	16 TARDIOLI	MASSIMO	DELTA GENOVA	
25	17 TILOCCA	FILIPPO	RUNNER 06 GENOVA	

Si capisce bene l'utilità di una simile opportunità: adesso abbiamo l'elenco delle società in ordine alfabetico. Selezionando una delle società applicheremo il filtro (per questo motivo si parla di filtro automatico), ed avremo come risultato tutti gli atleti, con i relativi piazzamenti, di quella determinata società: nell'esempio abbiamo selezionato la società Brancaleone Asti. Potete vedere che sono state riportate tutte le righe con tutte le informazioni desiderate.

7			ORDINE D'ARRIVO		
8	Posizione ▼	Cognome ▼	Nome ▼	Società	▼
14	6	ACCORNERO	GIANNI	BRANCALEONE ASTI	
21	13	COGNETTO	GUIDO	BRANCALEONE ASTI	
28	20	FARANDA	ACHILLE	BRANCALEONE ASTI	
48	40	ZACCONE	VITTORINO	BRANCALEONE ASTI	
67	59	PRASSO	GIORGIO	BRANCALEONE ASTI	
91	83	SEVTI	ROBERTO	BRANCALEONE ASTI	
101	93	RIU	GIUSEPPE	BRANCALEONE ASTI	
135					

A questo punto potremo selezionare tutti quelli che si chiamano Gianni, agendo sul nome, e nel caso vi fosse più di un Gianni, li potremo vedere tutti. Ricordatevi che **per tornare all'elenco completo** dovrete nuovamente premere il triangolino di ciascuna colonna sulla quale avete applicato il filtro per toglierlo; basterà selezionare **tutti**, che in genere è la prima voce dell'elenco che vedete.

6.8   Grafici

Abbiamo faticato tanto, e finalmente la nostra tabella, con tutti i dati e le proiezioni desiderate, è pronta per la stampa. Però, un attimo dopo averla stampata, pensiamo che una sola immagine, un grafico, spiegherebbe meglio la situazione rispetto al nostro foglio pieno di dati, numeri e percentuali.

Allora non c'è proprio nulla da fare, occorre predisporre un grafico; si, ma quale grafico? Dipende da quello che vogliamo mostrare, per poter scegliere la rappresentazione migliore.

Prendiamo una semplice tabella di dati. Nella figura che segue, abbiamo rappresentato i dati di vendita suddivisi per area geografica. I dati dell'esempio si riferiscono alle vendite totali per le aree geografiche. Ma non sempre i dati sono di così facile lettura; a volte può capitare di avere delle tabelle complesse con moltissimi dati, per cui occorre scegliere quali sono i dati che vogliamo visualizzare, operare una sintesi, tagliare alcune informazioni. Questa scelta, di solito, orienta anche la forma grafica del risultato finale.

Vendite	2004	2005	2006
Nord-Ovest	1230	1750	
Nord-Est	2450	2140	
Centro	3120	3220	
Sud	1450	1570	

Poiché si tratta di dati che nella loro somma danno il totale delle vendite, può avere senso visualizzare questi dati con un grafico a torta. Ma vedremo come con uno sforzo relativamente modesto, possiamo costruire più rappresentazioni grafiche per scegliere quella che soddisfa meglio delle altre le nostre esigenze di presentazione.

Dalla barra del menù sceglieremo inserisci, e quindi grafico, come illustrato sotto.

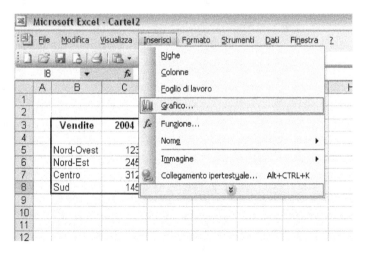

Effettuata la scelta Grafico, apparirà una maschera piuttosto complessa, che vi guiderà nelle scelte successive necessarie a dare forma al grafico.

Dalla maschera sottostante, come si vede chiaramente, la prima cosa che dovremo scegliere è la tipologia di grafico. I grafici non sono tutti uguali, ogni grafico nasce per uno scopo determinato e utilizzarne uno diverso non solo rende i dati di difficile interpretazione, ma in taluni casi può rendere praticamente impossibile la lettura e l'interpretazione dei dati.

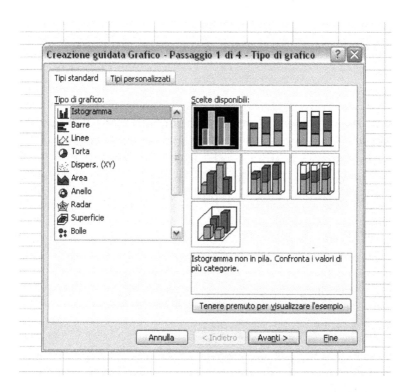

Da questa figura vediamo come sia possibile scegliere tra tipi standard e tipi personalizzati. La differenza tra i due consiste essenzialmente nella possibilità di intervenire manualmente su alcuni parametri, quali i colori, lo sfondo, etc. L'esempio si baserà sui tipi standard, lasciando al lettore la possibilità di sbizzarrirsi nel ricercare le migliori possibilità.

Tipo di grafico

La prima cosa da fare è scegliere il tipo di grafico: noterete come selezionando un tipo di grafico, nell'area a fianco compaiano gli esempi del grafico selezionato, cosa che permette di avere da subito un'idea del risultato finale; in basso c'è un riquadro con una breve nota informativa sul grafico. Individuato il tipo di grafico che desideriamo ottenere, selezioneremo la casella opportuna, e inizieremo a dare a Excel le informazioni necessarie per il nostro grafico.

Dovendo visualizzare dei risultati di vendita suddivisi per area, scarteremo i grafici a linea. Di solito questi grafici si usano per mostrare come un fenomeno varia nel tempo, dunque andranno benissimo per misurare la temperatura dell'aria ad una determinata ora, e mostrare le variazioni nel mese, mentre per la nostra esigenza verrebbe rappresentata una curva di scarso valore.

Proviamo allora con il tipo istogramma: selezioniamo il tipo base di istogramma, e andiamo sulla seconda maschera, dove verranno chiesti i dati che vogliamo inserire. Dovremo posizionarci sulla linguetta **Intervallo dati**, dopodiché abbiamo due possibilità: evidenziare con il mouse le celle che vogliamo utilizzare (nell'esempio sono quelle tratteggiate sul foglio excel), oppure possiamo direttamente digitare l'intervallo delle celle direttamente nella casella con la dicitura **Intervallo dati**. Selezionando le celle direttamente sul foglio di lavoro, questa cella verrà compilata in automatico.

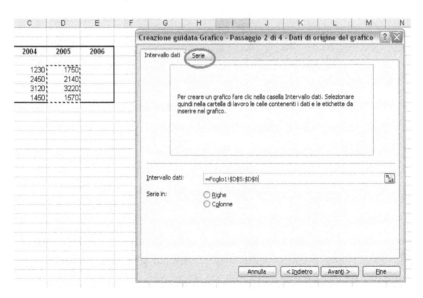

125

Abbiamo comunicato ad Excel su quali dati dovrà operare per ottenere il nostro grafico. Adesso dobbiamo impostare il nome dei singoli dati (che, ricordiamolo, per noi rappresentano i valori di vendita per area geografica: nord ovest, etc.). Per fare questo selezioniamo il tab Serie, posizionato in alto alla maschera del grafico, visibile con il circoletto rosso (cfr. figura precedente).

Dovremmo ora selezionare la parte della tabella che contiene le etichette dei dati. Per fare questo procediamo in uno dei due modi già illustrato: ci posizioniamo all'interno della cella Etichette asse delle categorie (X):, e con il mouse selezioniamo l'intervallo direttamente sul foglio excel, oppure digitiamo direttamente l'intervallo.

Come dice Giovanni Muciaccia in Artattack: Fatto? E allora andiamo avanti, all'ultima pagina di opzioni per il nostro grafico.

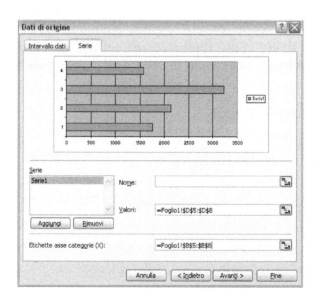

Nella figura sottostante vediamo come possiamo impostare l'aspetto finale del nostro grafico, dando un nome al grafico, immettendo i titoli, etc. Partiamo dal primo Tab: Titoli. In questo tab possiamo immettere un

126

titolo per il grafico (Andamento delle Vendite 2005), e i titoli per gli assi x e y del grafico. Sul tab <u>Griglia</u>, possiamo decidere se inserire una retinatura più o meno spessa; sul tab <u>Legenda</u> si potrà scegliere dove posizionare la legenda del grafico, sul tab <u>Etichette dati</u> possiamo decidere quale etichetta mettere ai dati: nel nostro caso la cosa più significativa è immettere il valore assoluto di vendita, che comparirà a fianco della riga corrispondente.

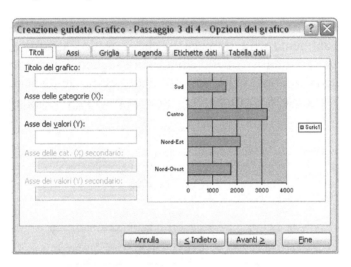

Ora potremmo già selezionare il tasto fine e concludere le operazioni per la realizzazione del grafico, invece andremo ancora un po' avanti, un po' per il mio innato bisogno di rompere le scatole alla gente, un po' perché dobbiamo decidere dove lo mettiamo questo benedetto grafico. In assenza di altre informazioni, e dunque digitando subito fine, Excel lo posiziona sulla stessa pagina, un po' sotto la tabella, ma nell'ultimo passaggio è possibile scegliere se creare un nuovo foglio, e assegnargli un nome, o posizionare il grafico sul nostro attuale foglio di lavoro.

La differenza tra creare un nuovo foglio o un oggetto sullo stesso foglio sta essenzialmente nelle dimensioni che il grafico assume a fine lavoro. Comunque il risultato è quello della figura seguente. Il risultato è più che soddisfacente e, una volta acquisita una certa dimestichezza con gli strumenti di lavoro, verificherete come sia più lungo spiegarlo che farlo.

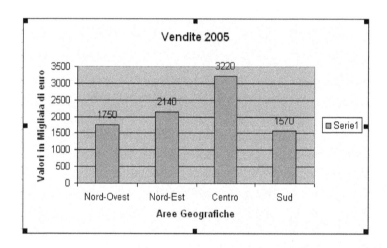

Se a lavoro finito volessimo ancora intervenire per modificare qualcosa, possiamo posizionarci all'interno del grafico e cliccare due volte con il tasto destro del mouse. Comparirà una nuova finestra di dialogo che vi permetterà di intervenire ancora su alcuni dettagli del grafico per modificarne alcune scelte e cambiare il colore alle barre, ad esempio.
La maschera di dialogo è la seguente:

Se invece volessimo ottenere un grafico a torta, dovremmo rifare tutte le operazioni già descritte, variando solamente il tipo di grafico nella schermata di dialogo iniziale. Questo se abbiamo le idee chiare da subito. Esiste una strada più veloce, però.

Posizioniamoci all'interno del grafico con il mouse e usiamo il tasto destro. Compare un menù a tendina dal quale potremmo effettuare diverse scelte. La più importante, noterete, è tipo di grafico. Da questo menù è possibile anche cambiare l'origine dei dati. Ad esempio utilizzare i dati 2004 anziché i dati 2005; ma poter cambiare l'aspetto e la tipologia del grafico, senza dover intervenire su nessuna delle altre scelte effettuate è di gran lunga l'aspetto più interessante.

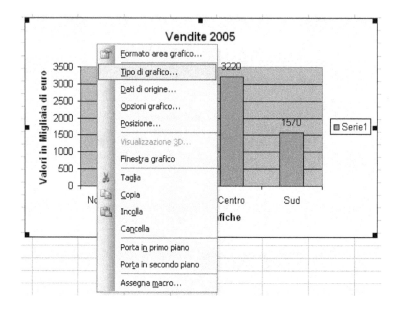

Allora, selezioniamo il **grafico a Torta** all'interno della scelta **Tipo di Grafico**, e null'altro: il risultato potrebbe essere più o meno questo:

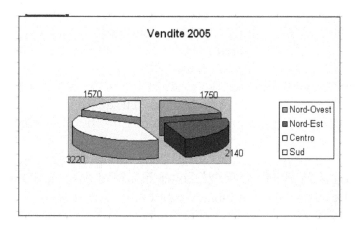

Tra le varie tipologie di grafico i due modelli esaminati, con le loro variazioni, i grafici a linea e quelli a istogramma sono certamente tra i più utilizzati. E' possibile predisporre grafici tridimensionali e grafici a Bolla, che visualizzano più grandezze sullo stesso grafico. Ovviamente grafici maggiormente complessi richiedono la conoscenza delle grandezze che si utilizzano e la teoria sottesa da questi grafici.

6.9   Conclusione

Excel è uno strumento molto potente, con cui è possibile organizzare dati e tabelle, previsioni di vendita, budget, etc. Se dalla poche cose che avete avuto modo di apprendere, scoprite quanto aiuto potrebbe darvi Excel, acquistate tranquillamente un manuale di approfondimento, saranno soldi spesi bene.

Infine ricordate che non esiste solo Excel come strumento di calcolo elettronico, ma che sono reperibili, attraverso Internet e riviste specializzate, strumenti gratuiti altrettanto funzionali e performanti, almeno per quello che riguarda le funzionalità di maggior interesse. Inoltre, ma riprenderemo l'argomento nel capitolo dedicato alla sicurezza, mi domando sempre perché Excel abbia sempre bisogno di accedere ad Internet ogni volta che rileva il collegamento attivo. Sarà solo per dirmi che sono pronti degli aggiornamenti?

7 Power Point

Fino a qualche anno fa, quando un relatore si presentava in pubblico per un corso come per una conferenza, aveva spesso sotto braccio un pacco più o meno grande di slide, che venivano scritte su fogli di plastica trasparente e proiettate al muro con quei proiettori piuttosto grossi e pesanti.

Oggi la tecnologia permette di utilizzare strumenti molto più accattivanti e veloci.; tra questi lo strumento scelto per questo manuale è Power Point, ma occorre ricordare come anche in questo caso esistono prodotti alternativi altrettanto validi.

7.1 Prima di cominciare

Occorre ricordare ancora una volta come **Power Point** (e tutti gli altri software esaminati fino ad ora) non sia altro che uno strumento, come potrebbe esserlo una penna, un martello e uno scalpello, un pennello. La bontà del romanzo, della scultura o del quadro non dipende dallo strumento in se, ma da noi stessi, dalla nostra capacità di esprimerci e dal contenuto che riusciamo a dare a quello che stiamo facendo. Insomma, se non avete nulla da dire, Power Point vi aiuterà a dirlo molto bene, con effetti speciali, ma sarà un po' come vedere certi film, che ti sono anche piaciuti, ma ai quali se togli gli effetti speciali e ti domandi qual era la storia, trovi difficile darti una risposta.

Il mio consiglio personale, prima di iniziare a scrivere una presentazione, soprattutto se complessa, è utilizzare carta e penna, e fissare così una traccia di ciò che si vuole dire e presentare. Anche solo scrivere l'indice, i capitoli, aiuta a fissare il percorso logico con cui vogliamo svolgere e argomentare il nostro discorso[20]. Provare a calibrare attentamente il vostro discorso, soffermandovi sui punti più importanti, si rivela più importante degli effetti di transizione delle immagini o dell'aggiunta di suoni, animazioni, foto o altri effetti speciali. Come per Word, lo strumento può e deve aiutarci, semplificando le operazioni da compiere, ma lo sforzo per dare un contenuto alla nostra presentazione dobbiamo farlo noi.

7.1.1   Alcuni concetti di comunicazione

Penso sia utile ricordare, brevemente, che una buona comunicazione si basa su alcuni capisaldi da tenere sempre e comunque ben presenti. Le componenti per una comunicazione efficace e creativa sono tre:
1. **Ethos**, coerenza e credibilità di chi comunica. Coerenza tra quello che si predica e le azioni conseguenti. Avere dei Principi Etici a cui riferirsi rende la comunicazione molto più credibile;
2. **Pathos**, lo stimolo delle passioni e delle emozioni come ricerca dei fattori di motivazione. Parlare al cuore, oltre che alla ragione, rende la nostra comunicazione estremamente più efficace;
3. **Logos**, oltre che al cuore, all'anima, la nostra comunicazione deve essere condotta seguendo delle linee razionali: dove esporre con efficacia la relazione tra le singole ragioni[21].

Nella comunicazione, sia scritta che parlata, spesso aggiungendo si toglie e togliendo si aggiunge, insomma **la ridondanza indebolisce il**

---

[20] Per avere un indirizzo più completo su come impostare una presentazione consiglio di leggere Umberto Eco: come fare una tesi di laurea.
[21] Franco D'Egidio – La fine della grande illusione, ed. Sperling.

significato (F. D'Egidio, op. cit). Ecco alcuni esempi di comunicazione più o meno efficace:

- Rivoluzione Francese: 3 Parole (Liberté, Egalité, Fraternité)
- Teorema di Pitagora: 24 parole
- Principio di Archimede: 67 parole
- I dieci comandamenti: 179 parole
- La costituzione Europea: Migliaia di parole
- Legislazione europea sul fumo: 24.942 parole[22]

Innegabile come il motto della rivoluzione francese, anche se di tre sole parole, abbia un contenuto di emozioni, ragione e cuore enormemente più sentito di quanto comunichi la legislazione europea sul fumo (chi di voi la conosce?). Come si può notare da questi esempi, meno si dice, più si comunica. Tenetelo a mente quando preparerete le vostre presentazioni, seguendo questi pochi suggerimenti:

- cercate frasi brevi e incisive;
- evitate le ripetizioni;
- usate un linguaggio neutro e chiaro;
- cadenzate bene gli argomenti;
- bilanciate i tempi di intervento per ciascun argomento.

7.2   Come iniziare una presentazione

Come per Excel partiremo subito con degli esempi pratici, lasciando al lettore la possibilità di esplorare da sé tutte le possibilità offerte da Power Point.

Una volta attivato il programma, la schermata di inizio dovrebbe presentarsi più o meno, così:

---

[22] Questi esempi sono tratti fa Franco D'Egidio, La fine della grande illusione, ed. Sperling. D'Egidio è consulente di direzione stimato ed affermato a livello nazione ed internazionale.

Lo schermo si presenta suddiviso in tre aree di lavoro; in alto continuiamo a trovare la rassicurante impostazione degli altri prodotti della Suite di Microsoft[23], cosa che consente di dare per scontate una certa serie di operazioni che abbiamo già visto, e consente di porre la nostra attenzione solo sulle operazioni per noi di maggior interesse, che sono anche le funzionalità caratteristiche di Power Point.

Analizziamo brevemente cosa c'è sulla maschera iniziale. Al centro, nel rettangolo maggiore, c'è la slide che stiamo preparando, dove possiamo Inserire testi, disegni, immagini, foto, brevi filmati, audio, etc., insomma tutto quello che può servire per illustrare il nostro argomento.

Sul pannello di sinistra, invece, vediamo l'indice delle slide e possiamo dunque visualizzarne l'ordine di presentazione ed eventualmente

---

[23] Questo modello di presentazione, con il menù a tendina / icone in alto, si è ormai affermato da molti anni e un po' tutti i prodotti su Windows utilizzano questo schema di lavoro, si tratti di prodotti Microsoft o meno.

modificarlo (nella foto d'esempio c'è solo una slide vuota). In alto abbiamo a disposizione due linguette che modificano l'aspetto della presentazione. La prima linguetta permette di vedere solo il testo delle nostre diapositive, ed è personalmente la selezione che preferisco, perché mi interessa maggiormente sapere cosa c'è scritto sulla slide piuttosto che verificare come si presenta. La seconda linguetta mostra come appariranno le slide, ma da questa scelta è praticamente impossibile leggere il contenuto della slide, e serve solo per rintracciare più velocemente una certa slide all'interno della presentazione.

Sul pannello di destra abbiamo a disposizione diverse scelte per la personalizzazione delle slide, cosa che avremo modo di approfondire in seguito. Infine in basso a sinistra abbiamo a disposizione tre iconcine che provvedono alla visualizzazione del nostro lavoro in tre modi diversi. La prima icona permette di avere la scrivania di lavoro di Power Point così com'è appena si attiva il programma. La seconda icona mostra, invece, un'anteprima delle slide; questa funzione è utilissima se vogliamo raggiungere velocemente la slide di nostro interesse.
La terza icona permette di far partire la presentazione. Per tornare dalla presentazione al nostro foglio di lavoro possiamo far scorrere la stessa fio alla fine, oppure cliccare sulla presentazione con il tasto destro del mouse, selezionare, dal menù che appare, **fine presentazione**.

7.3   *Impostazioni iniziali della presentazione*

Prima di scrivere i contenuti della diapositiva imposteremo gli elementi fondamentali della nostra presentazione. Iniziamo con l'inserimento della data e del numero di pagina della presentazione. Posizioniamoci sul menù **inserisci** e selezioniamo **data e ora**.

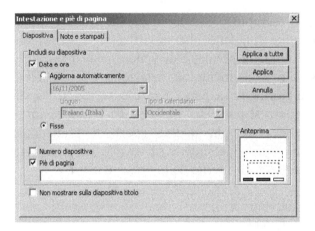

Abbiamo tre opzioni da impostare. La prima riguarda la data. Possiamo scegliere se aggiornare la data in modo automatico oppure impostare la data una volta per tutte. Con la prima opzione, ogni volta che proietteremo la nostra presentazione, la data verrà aggiornata utilizzando la data di sistema, per cui fate attenzione ad avere una data aggiornata sul vostro computer. La seconda opzione imposterà la data che voi metterete, nel modo esatto in cui la scrivete. Di solito si usa mettere la data dell'evento in cui verrà proiettata la presentazione, anche a futura memoria. Se invece utilizzare spesso queste slide per diverse presentazioni durante l'anno, può essere utile non specificare nessuna data.

Selezionando la casella **numero della diapositiva**, ogni pagina conterrà il numero della diapositiva proiettata in quel momento. Questa impostazione risulta importante per scandire i nostri tempi della proiezione, utile per sapere se siamo in anticipo, e dovremo dunque parlare un po' di più, o in ritardo, e allora per recuperare salteremo qualche diapositiva meno importante.
Nel piè di pagina inseriremo il titolo del convegno, oppure il nome della nostra azienda o il nome del relatore, o tutte e tre le cose insieme.

L'ultima opzione della maschera illustrata in precedenza consente di non mettere le informazioni ora descritte sulla prima diapositiva (il titolo della presentazione). Sulla destra abbiamo tre bottoni, dove possiamo scegliere se applicare le impostazioni selezionate a tutte le diapositive, solo a quella corrente, o annullare il tutto e ritornare alla situazione precedente.

7.4 Struttura della presentazione

La seconda opzione da utilizzare per la formattazione iniziale della presentazione consiste nell'impostare la struttura (sfondo, colori, impostazioni base). Per impostare la struttura occorre selezionare il menù struttura, che è possibile trovare sia all'interno del menù **formato** (scelta **struttura diapositiva**), richiamabile dalla barra dei menù, oppure ricercare il bottone **struttura**, che generalmente si trova anch'esso nella barra del menù come pulsante direttamente richiamabile.

Comunque, una volta attivata questa scelta, sulla spalla destra della nostra scrivania di lavoro, troveremo un complesso menù di scelte le cui opzioni permettono di impostare lo sfondo, l'allineamento, i colori con cui verranno proiettate le diapositive.

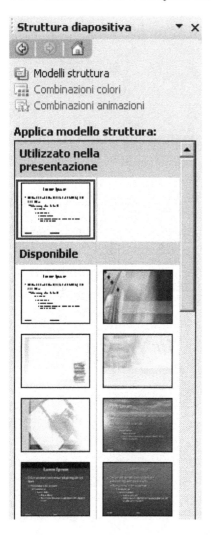

Come si può vedere dall'immagine, abbiamo tre possibili scelte in questo menù: possiamo scegliere il disegno che farà da sfondo alla nostra presentazione, le combinazioni di colore, che permettono delle variazioni di colori su di uno stesso tema, e le animazioni, che consentiranno di passare da una diapositiva ad un'altra utilizzando una serie di dissolvenze ed effetti speciali pre-impostati.

Cliccando su una delle diapositive di prova presenti, applicheremo quel formato a tutte le nostre diapositive, mantenendo uno stile omogeneo di presentazione. Scelto lo stile, la nostra diapositiva si presenterà così:

Da questa immagine possiamo notare come scegliendo un formato, una struttura pre-impostata, abbiamo generalmente un formato (layout) per la diapositiva del titolo, e un formato diverso per tutte le altre slide, come si nota chiaramente sulla spalla sinistra della immagine precedente. Se, tra le strutture presenti nessuna vi convince, possiamo andare sul sito Microsoft e scaricare altre strutture, oppure utilizzare una nostra foto o un disegno come sfondo.

Se ritorniamo al menù **formato**, e selezioniamo l'opzione **sfondo**, avremo a disposizione l'opportunità di scegliere da noi lo sfondo per la nostra diapositiva. Il menù per l'utilizzo di uno sfondo si presenta come nella immagine che segue. Attivando il menù a tendina appena sotto il disegno del riquadro **riempimento sfondo**, si aprirà un ulteriore menù di scelta, dal quale potremo scegliere un colore, se intendiamo dare un colore di sfondo alla diapositiva (ricordarsi sempre che abbiamo l'opzione applica / applica a tutte); potremo scegliere effetti di riempimento, per selezionare una immagine da utilizzare come sfondo.

141

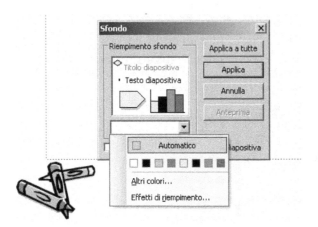

Con la scelta Effetti di riempimento (all'interno del box selezionato, cfr. foto), verrà aperta una ulteriore maschera di scelta, in cui dovrete scegliere la linguetta immagine, quindi seleziona immagine. Dovrete effettuare la ricerca all'interno delle immagini, salvate in precedenza sul vostro PC. Individuata l'immagine, che può essere una foto, un disegno o una clip-art, e selezionata, questa verrà catturata e utilizzata come sfondo per la presentazione. L'effetto risultante potrebbe essere questo:

Come si può vedere, in questo caso è stata mantenuta la struttura della diapositiva (nel nostro caso le matite colorate che fanno da contorno). Se volessimo eliminare la grafica dalla nostra diapositiva, potremmo ricorrere alla scelta escludi grafica dalla diapositiva, che si seleziona dal menù sfondo che abbiamo appena visto: è l'ultima scelta in basso che selezionata, esclude o meno la grafica.

Le attività illustrate in questo paragrafo e nel paragrafo precedente consentono di impostare la presentazione nel suo insieme. Possono anche essere selezionate in un secondo momento, quando avremo finito di scrivere la nostra presentazione, e potremo finalmente porre l'attenzione sugli aspetti relativi alla grafica, alle modalità di presentazione e a tutti gli abbellimenti in genere.

7.5   Inserimento di oggetti

Una delle funzionalità più interessanti è la possibilità di inserire foto, commenti, grafici, animazioni, etc., da file o da altre applicazioni. La serie di funzioni che andremo ad esaminare nelle pagine successive si rivelano di grandissima utilità quando dobbiamo preparare la presentazione di un nostro lavoro che contiene dati provenienti da Excel, descrizioni provenienti da documenti Word[24] documenti e oggetti diversi che possono essere utilizzati all'interno delle nostre presentazioni.

Le prime due scelte all'interno del menù **inserisci** consentono di inserire una nuova diapositiva. L'inserimento di una nuova diapositiva è possibile anche dalla barra del menù (oppure digitando CTRL+M); si tratta in effetti di un'operazione piuttosto ricorrente. La nuova diapositiva viene inserita successivamente a quella sulla quale siamo posizionati.
La duplicazione invece consente di duplicare una diapositiva, operazione utile quando si hanno una serie di diapositive simili tra loro.

---

[24] Quando si inserisce un testo copiato da Word, questo viene inglobato nella presentazione e non genera nessun problema. Quando, invece, inseriamo un filmato o un file musicale, dobbiamo ricordarci di inserire questi file nello stesso CD, nel caso si voglia masterizzare la presentazione su di un CD per distribuire la stessa ad altre persone.

L'inserimento di data e ora lo abbiamo già visto parlando delle impostazioni iniziali. Inoltre è possibile spostare una diapositiva, utilizzando le funzioni di trasferimento di windows (posizionarsi con il mouse sulla diapositiva e trascinare l'elemento selezionato nella posizione desiderata).

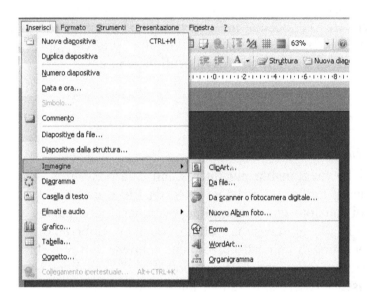

Vediamo ora le opzioni più interessanti, quelle della parte bassa del menù. La prima scelta consente di inserire immagini, che possono provenire da fonti differenti; all'interno di questa scelta la prima opzione consente l'inserimento di immagini da clip-art, immagini che di solito vengono pre-caricate al momento dell'installazione di Office e che hanno un'ampia scelta di soggetti[25]. La scelta più interessante, però, è la scelta di inserimento immagini da file, scelta che permette di inserire, all'interno di una slide, le nostre foto / disegni. Una volta selezionato l'inserimento si aprirà una finestra di dialogo (uguale alle altre finestre di apertura file che abbiamo già visto in Word ed Excel) dalla quale sarà possibile scegliere le nostre immagini da una cartella del nostro computer. Dalla finestra di dialogo potremmo scegliere anche il formato

---

[25] Si possono trovare clip-art sul sito di Microsoft, e un po' ovunque sul WEB. E' possibile trovare immagini e clip-art anche come allegati ai vari CD che corredano le riviste di informatica. E in termini più generali, il WEB è una miniera inesauribile di foto, disegni, suggerimenti per migliorare le nostre presentazioni.

dell'immagine (scelta possibile dal box tipo file), immagine che verrà inserita la centro della nostra diapositiva e che potrà essere spostata o ingrandita (rimpicciolita) a piacimento. Da notare che è possibile inserire una immagine anche da scanner o da fotocamera digitale.

Le ultime tre scelte consentono di inserire forme utili per la rappresentazione di modelli e organigrammi, che aiutano la comprensione del testo.

E' possibile scegliere tra molte forme di tipo diverso, spostarle all'interno della slide, collegare le forme tra loro con frecce, linee, linee tratteggiate, scrivere commenti all'interno dei box disegnati.

Inserisci Oggetto

L'altra opzione importante, soprattutto per l'importazione di dati da Word ed Excel, è **Oggetto**: questa opzione è l'ultima del menù inserimento. Scegliendo **inserisci – oggetto**, si aprirà un ulteriore menù di scelta dal quale sarà possibile scegliere cosa copiare e in che modo.

A sinistra abbiamo l'opportunità di scegliere se creare un nuovo oggetto o se inserire un oggetto da file. La differenza è sostanziale. Ad esempio, nel caso di Excel, fare un **crea nuovo oggetto**, farà creare una tabella Excel vuota sulla slide, che dovremo riempire noi con dati e formule, mentre utilizzare un **crea da file**, permetterà di selezionare un foglio excel già archiviato, e rispetterà meglio le proporzioni del nostro lavoro. Quest'ultima opzione è particolarmente indicata per fogli excel non molto grandi.

La prima cosa da fare sarà scegliere se creare un nuovo oggetto, a partire da una tipologia di oggetto, o creare un oggetto da file. L'opzione più interessante per noi è proprio quella di creazione di un nuovo oggetto da file, che permette di portare i dati direttamente da un file già salvato.

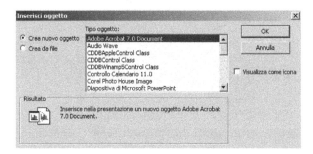

Occorre però precisare che questa opzione non può funzionare sempre: se il file che avete selezionato è troppo grande, il risultato sarà deludente[26] o del tutto improbabile. In questo caso occorre utilizzare l'opzione **copia e incolla**, che vedremo tra poco. Se si deve inserire un foglio excel con pochi dati o un semplice grafico, allora è possibile utilizzare le opzioni inserisci grafico (tabella).

Ultima opzione interessante, ma poco utilizzata, di questo menù è l'inserimento di un filmato o di un commento sonoro. Dopo aver scelto il filmato Power Point vi chiederà se volte attivarlo manualmente o automaticamente. Se sceglierete manuale, dovrete poi cliccare voi stessi sull'immagine durante la presentazione per far partire il filmato. Se invece avrete scelto l'avvio automatico il filmato o l'audio partiranno automaticamente nel momento in cui, durante la presentazione, vi posizionerete sulla diapositiva in questione. Appena abbandonerete la diapositiva, la riproduzione del file si interromperà.

7.6 *Modifiche alla presentazione*

Mentre la nostra presentazione procede, può capitare di dover inserire una slide tra quelle esistenti, o di dover spostare una slide. Le operazioni di inserimento sono molto facili. Bisognerà posizionarsi nel punto in cui si desidera effettuare l'inserimento e, dal menù **inserisci**, inserire la

---

[26] Se il documento è di svariate pagine, verrà copiata solo la prima pagina, ma com'è facile immaginare il risultato sarà un documento talmente compresso da risultare illeggibile.

nuova slide, che si posizionerà come slide successiva rispetto alla slide corrente.

Per spostare una slide il modo più semplice è quello di trascinare la slide nella posizione desiderata, utilizzando il tasto destro del mouse, così come fareste per spostare un'icona sul desk-top del vostro computer. Se non vi ricordate come si fa, lasciatevelo dire, avete letto i primi capitoli mentre stavate dormendo...

In ogni caso, questa operazione è possibile dal menù di sinistra. Dovrete posizionarvi sulla slide che volete spostare, *trattenere* la slide con il tasto sinistro del mouse, quindi spostare la freccia del mouse nel punto desiderato (dove si desidera inserire la slide) e *rilasciare il tasto del mouse*. Operazione più difficile a dirsi che a farsi (esercitatevi).

Se dobbiamo inserire del testo Word o Excel da file esistenti, e dobbiamo inserire solo poche righe, o un grafico, possiamo regolarci nel seguente modo:

1. Inserite la nuova diapositiva e, se serve, eliminate i box pre-impostati di Power Point o addirittura inserite una slide vuota (senza titoli);
2. Andate su Word (o su Excel) e selezionate la porzione del documento che intendete copiare in Power Point (se non vi ricordate, consultate il par. 5.1.3);
3. Copiate il testo nell'area degli appunti (con i tasti veloci CTRL + C, oppure dal menù Modifica);
4. Posizionatevi sulla Slide che deve ospitare il nuovo testo;
5. Inserite il testo copiato facendo incolla (CTR + V).

Ma spesso, specialmente con Excel, questa opzione non dà i risultati attesi e la tabella appare spesso poco leggibile. Allora occorre utilizzare una strada differente. Fino al punto 4 seguite le indicazioni già date. Quindi, anziché utilizzare la nota funzione copia e incolla (Ctrl +C & Ctrl + V) entreremo nel menù **Modifica**, e sceglieremo l'opzione **incolla speciale**. Apparirà un menù di scelta come quello sottostante, dal quale dovremo scegliere **Incolla**, e quindi selezionare il tipo di file che desideriamo incollare, tra i tipi precaricati da Office. Diamo OK e vediamo come il nostro testo sarà inserito nella slide prescelta.

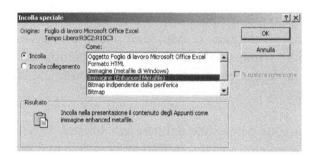

In generale la funzione **Incolla Speciale** mantiene la formattazione di provenienza, per cui si addice meglio alle tabelle Excel. Provate ad inserire una tabella utilizzando le normali funzioni di **copia – incolla** e poi utilizzando la funzione incolla speciale: noterete la differenza.

I grafici di Excel, invece, riescono meglio con la opzione incolla normale (**CTRL + V**). In ogni caso, salvate spesso il vostro lavoro e fate delle prove per verificare che il risultato definitivo sia proprio quello che cercavate.

Ciascuno dei tre metodi illustrati in questo paragrafo (1. copia e incolla; 2. incolla speciale; 3. inserisci oggetto) ha un suo ambito di applicazione, e può condurre a risultati diversi. Con l'esperienza saprete scegliere da soli, di volta in volta, la strada migliore.

7.7   Altre suite di lavoro

Dopo aver visto e commentato i prodotti principali di una suite d'ufficio, diamo ora una breve panoramica di prodotti alternativi, che hanno le stesse funzionalità di base, con qualcosa in più in alcune funzioni e qualcosa in meno in altre. Il grande vantaggio di alcune di queste suite è di essere totalmente gratuite (Openoffice e Lotus Symphony), cosa che ci permette di utilizzare i prodotti di produttività senza incorrere nelle sanzioni relative all'utilizzo di prodotti senza la licenza ufficiale.

Tra tutte le suite alternative, la più famosa è certamente Staroffice (http://it.sun.com/products/staroffice/) che è arrivata alla versione otto, ed è acquistabile su Internet sul sito della SUN al costo di circa 50€. Questa suite di produttività è stata acquisita da SUN, che ha poi dato vita ad un progetto **open source**[27], rilasciando una suite simile denominata open office, attualmente alla versione 2.0[28].

Le funzionalità di **Openoffice 2.0** sono sostanzialmente simili a quelle di Microsoft Office che abbiamo visto finora; i pulsanti, le funzionalità, le opzioni sono sostanzialmente equivalenti. In più, Openoffice consente di produrre file PDF, e ha la possibilità di generare file in un formato che si sta affermando come uno dei nuovi standard per lo scambio dei dati:

Altra suite di produttività è Apple iWork 08, che al costo di circa 70€ consente l'utilizzo di videoscrittura, presentazioni e fogli elettronici; ovviamente solo per i sistemi Mac. Da notare l'estrema facilità d'uso, e la piena compatibilità con i documenti di Microsoft, a patto di utilizzare, nella funzione di salvataggio, l'estensione office. Sono presenti numerose funzioni aggiuntive, formattazioni, transazioni tra slide, che però vengono perse nel momento in cui si aprono i documenti nelle rispettive versioni di Microsoft.

Da segnalare, ancora, la suite di IBM-Lotus Symphony, che à alla versione 4, liberamente scaricabile. Anche questa suite offre tutte le funzionalità che abbiamo visto finora. Unico neo, la versione 4 è una versione beta, quindi non una versione definitiva, ma una versione che potrebbe risentire ancora di qualche problema di gioventù. Lo stile, tuttavia, è accattivante, e il prodotto semplice da usare.

---

[27] Con il termine **open source** si intende un software rilasciato in formato sorgente (vengono cioè rilasciati i programmi in modo che chiunque possa modificarli e migliorarli). In questo modo il prodotto finale può giovarsi degli sviluppi fatti da tutta la comunità degli sviluppatori, e gli utenti finali possono utilizzare un prodotto libero a costi di licenza. Questo tipo di licenza, in genere indicato come GNU, e tutti gli sviluppi correlati sono stati resi possibili dalla grande diffusione di Internet.
[28] Le due suites, open office 2.0 e staroffice 8.0 sono praticamente equivalenti.

Il CNIPA[29] ha redatto un documento che illustra le principali differenze tra le suite di produttività; il documento è scaricabile dal sito del CNIPA e presenta in modo estremamente documentato le differenze esistenti. Trovate il documento citato al seguente indirizzo internet: www.**cnipa**.gov.it/site/_files/Studio_strumenti_**office**.pdf

---

[29] Il CNIPA, Centro Nazionale per l'Informatica nella Pubblica Amministrazione, ha svariati compiti, tra cui quello di indirizzo nelle scelte strategiche delle pubbliche amministrazioni. Sul sito del CNIPA è possibile trovare moltissimi documenti interessanti sull'open source, sulle amministrazioni che su questo fronte sono più innovative di altre, sugli strumenti a disposizione delle PA.

Parte Terza: Strumenti di Comunicazione / WEB

8 Outlook e strumenti alternativi

Uno dei programmi maggiormente utilizzato, negli uffici come a casa, è certamente Outlook.

Sostanzialmente Outlook consente l'invio di e-mail, o posta elettronica, e questo è l'utilizzo più conosciuto. Outlook, però, è una vera e propria suite di lavoro (PIM[30]), che permette, tra le altre cose, di impostare e condividere riunioni, di gestire un archivio di contatti di segnare dei memo, di aggiornare e sincronizzare le agende e gli appuntamenti di più persone in ufficio, e di aggiornare le informazioni con alcuni dispositivi esterni (Palmari e Telefonini cellulari).

Come vedremo tra poco, a queste belle caratteristiche non ne corrispondono altrettante sotto il profilo della sicurezza, ma questo non impedisce ad Outlook di essere di gran lunga il software di posta elettronica più utilizzato.

8.1 Primi passi con Outlook

La barra del menù non presenta particolarità rispetto a quanto visto finora (eventualmente ripassare il capitolo di Word), se non per i menù relativi all'impostazione ed alla personalizzazione dello strumento.

Prima di procedere nell'esame di menù, opzioni e configurazioni, diamo una descrizione sommaria delle funzioni di Outlook.

La prima opzione possibile è come gestore di posta elettronica. Per questo utilizzo daremo ampie spiegazioni in seguito.

Quindi possiamo usare la funzione Calendario, che non è altro che una agenda degli impegni in formato elettronico. Consente di prendere appuntamenti, condividere riunioni con i colleghi, essere avvisati con un certo anticipo in prossimità del verificarsi di un evento pianificato.

La sezione contatti è una rubrica piuttosto complessa. Permette di registrare indirizzi, telefoni, e-mail, note, etc., per ciascuno dei nostri

---

[30] PIM. Personal Information Manager

contatti. Permette di registrare numerose informazioni riguardanti il lavoro del nostro contatto e dati personali, quali compleanni e anniversari.

Attività è una sezione utile per pianificare il nostro lavoro. Per ciascuna attività potete inserire una data di scadenza, e altre informazioni. Una volta eseguite dovrete ricordarvi di spuntare le attività finite.

Infine le note, che altro non sono che un raccoglitore di post-it elettronici. Potete utilizzare le note in modo particolarmente ingegnoso, ordinandole alfabeticamente, e dando un titolo a ciascuna nota. Potrete così realizzare un vostro glossario personale di informazioni.

Vi confesso che in fondo preferisco la cara vecchia agenda di carta. Certo memorizzo i numeri di telefono in Outlook (così riesco a sincronizzarli con altri dispositivi esterni), ma lo faccio sempre con una certa sofferenza.

8.2   *Impostazioni di posta elettronica*

La prima cosa da fare, per utilizzare Outlook, è impostare l'account di Posta con i propri dati, in modo da poter ricevere e inviare i messaggi di posta elettronica. L'operazione è piuttosto semplice, ma richiede un minimo di conoscenza dei dati di impianto. La prima cosa che faremo, dunque, sarà impostare il nostro account di posta elettronica. Per fare questo occorre andare sul menù, scegliere **strumenti – account di posta elettronica**: comparirà una maschera simile a questa (dipende dalla versione di outlook che utilizzate).

Sceglieremo l'opzione aggiungi un nuovo account, e andremo su un'altra finestra di dialogo, che permetterà di inserire il tipo di posta che vogliamo configurare.

Per account di posta si intende l'insieme dei dati che vi identificano su un determinato server di posta. In genere questi dati vengono ben evidenziati nel momento in cui, attraverso un provider, effettuate una registrazione ad un server di posta, tipo Virgilio, tin.it, libero, hotmail, gmail, etc. Come ottenere una casella di posta è piuttosto semplice, e almeno per il momento, sono molti i siti che offrono l'opportunità di ottenere una casella di posta gratuita.

Dopo la registrazione avrete cura di stampare tutti i dati forniti dal gestore e di conservarli (vero che l'avete fatto?). Se non l'avete fatto, allora non vi resta che andare sul sito del vostro gestore per recuperare le informazioni necessarie, o chiamare il numero dell'assistenza tecnica, che vi dirà quali impostazioni utilizzare. Il problema, spesso, non è avere le informazioni ma sapere esattamente come e dove inserirle.

Per tornare alle nostre impostazioni, dovrebbe comparire una finestra di dialogo simile a questa.

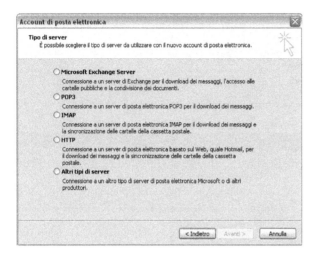

Continuando con la definizione del vostro account, dovreste scegliere POP3[31], che è il metodo più diffuso per l'utilizzo casalingo. Se utilizzate una posta tipo Hotmail la scelta dovrà essere http. Effettuata la nostra scelta, comparirà una finestra di dialogo in cui dovremo fornire tutti i dati che in precedenza ci ha comunicato il gestore di posta.

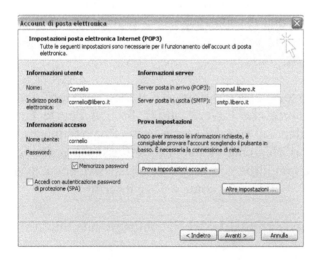

---

[31] POP3 e IMAP sono due protocolli differenti, entrambi utilizzati per la lettura della posta elettronica e per lo scarico della posta sul proprio computer.

Bisognerà compilare i dati relativi al server POP, per ricevere la posta, e per il server SMTP, che identifica in genere il server che invia la posta. I dati che vedete nella figura, relativamente ai due server di posta, sono quelli corretti per libero. Se non vi ricordate uno o più dati, dovrete andare sul sito del gestore di posta e cercare dove sono le pagine di aiuto per la configurazione. Le istruzioni per la configurazione del client di posta (il client di posta è il software che state utilizzando per leggere e spedire la posta) sono simili anche per gli altri programmi di posta elettronica, quali Eudora o Thunderbird, ma a volte possono essere richiesti più dati.

Confermando il tasto **avanti** arriverete alla fine della procedura di configurazione, e potrete finalmente provare a inviare e ricevere e-mail.

8.3   *Posta Elettronica*

Nella figura che segue, possiamo vedere come si presenta Outlook. Questa è solo una delle possibilità di visualizzazione, in quanto Outlook si presenta in modo diverso in funzione dell'utilizzo. Noterete, infatti, in basso a sinistra 4 menù specifici per le quattro funzionalità di interesse di Outlook:

- Posta Elettronica
- Calendario
- Contatti
- Attività

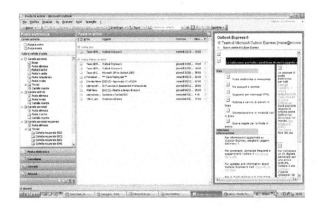

Poiché Outlook vi permette di gestire non solo la posta e i contatti di posta, ma anche appuntamenti, agenda impegni, etc., molte delle sue funzioni sono sensibili al contesto di riferimento. Ad esempio, sotto la riga dei comandi, c'è un tasto funzionale che permette di inserire una nuova e-mail. Ma se ci trovassimo in calendario, Outlook ci farebbe inserire un impegno nell'agenda, mentre in contatti aprirebbe una scheda per l'inserimento di un nuovo contatto.

Noterete, infatti, che a fianco di **Nuovo**, c'è un tastino con una freccia diretta verso il basso. Selezionando quella freccia compare il menù seguente, che permette di capire le diverse possibilità di inserimento. Infatti, lo vedete nella figura sottostante, posso predisporre un nuovo messaggio, ma anche un appuntamento, un contatto, e altre cose che vedremo più avanti, come convocare una riunione, ad esempio.

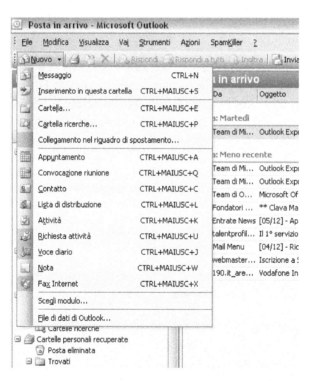

Dunque, per inviare una mail, occorre premere proprio questo tasto. Verrà proposta la maschera di dialogo che andrà riempita con i dati del destinatario, l'oggetto e il testo della mail.

158

Avrete certo notato che compare anche una casella con la scritta C.C.: in questa casella andrà messo l'indirizzo di posta elettronica delle persone a cui si invia la posta in Copia Conoscenza. E' possibile anche utilizzare l'opzione **Copia Conoscenza Nascosta**, che permette di inviare una copia della nostra posta senza farlo sapere ai mittenti che appaiono in chiaro sull'elenco degli indirizzi. Questa funzione è molto utile e si presta a molti utilizzi.

Per richiamare la copia conoscenza nascosta occorre selezionare una delle due voci **A**, oppure **CC** (destinatario o in copia conoscenza). Comparirà il seguente box di dialogo, che è quello che può essere utilizzato anche per la compilazione normale dei destinatari.

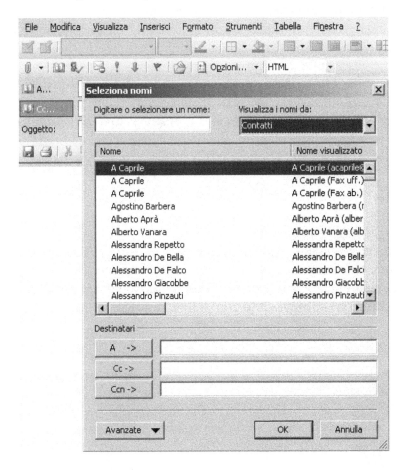

Come si può vedere, in fondo esistono tre caselle, dove l'ultima è appunto la casella **CCN** (oppure **BCC** se il software che utilizzate è in lingua inglese). Basterà selezionare il nominativo desiderato e utilizzare il bottone BCC per inviare la posta all'oscuro degli altri destinatari. Se spedite la vostra posta a più di un utente BCC, nessuno di questi saprà degli altri destinatari, ma tutti conosceranno gli utenti in chiaro.

Infine, ultima importantissima opzione, è possibile allegare un file alla nostra posta; posso allegare qualunque tipo di file: una foto, un documento word, un foglio excel o un file mp3; l'importante è che inviate file di dimensioni contenute, anche per non intasare la casella di posta dei vostri destinatari. Inoltre esistono software specifici per l'invio di file di grandi dimensioni, taluni sono software gratuiti, come Filezilla, che funzionano molto bene e sono facilissimi da usare; vanno installati sia sul PC di chi spedisce che su quello di chi riceve, dopo di che basta attivare la sessione di lavoro.

Per allegare un file ad una mail basta selezionare il tasto con l'icona di una graffetta, oppure selezionare l'opzione **inserisci file** dal menù. Quindi bisogna scegliere il file da allegare navigando tra le nostre cartelle di documenti. Ovviamente è possibile inserire più di un allegato.

8.4 Strumenti

Dal menù Strumenti attiviamo il riquadro opzioni. All'interno di questa finestra troviamo la maggior parte delle impostazioni necessarie alla posta elettronica. Ormai avete capito il funzionamento, e dunque non è necessario che entri nel dettaglio di tutte le singole voci.

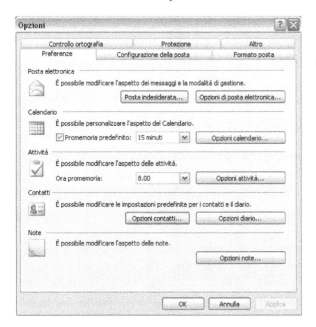

Abbiamo sei Tab a disposizione, e ciascun Tab consente una molteplicità di impostazioni, relativamente alle funzioni offerte da Outlook.

Una piccola premessa: anche se si tratta di cose piuttosto semplici con descrizioni decisamente chiare, se dovete effettuare delle modifiche perché avete in mente un certo risultato, non modificate troppe opzioni tutte insieme; probabilmente otterrete il risultato desiderato, ma non saprete come avete fatto; inoltre potreste ottenere dei risultati indesiderati. Meglio procedere per gradi. Impostate le modifiche di cui siete sicuri, e poi, una alla volta, procedete con gli affinamenti fino ad ottenere il risultato desiderato.

Il primo Tab (**Preferenze**) è dedicato alle impostazioni di carattere generale per ciascuna delle aree in cui è suddiviso il funzionamento di outlook. Avremo dunque impostazioni per la posta, il calendario, le attività, etc.

Esaminiamo le più importanti. Per la **posta elettronica** abbiamo due bottoni; nel primo possiamo definire il livello di protezione della nostra casella di posta, possiamo impostare la lista nera e la lista bianca che non

161

sono altro che l'elenco degli indirizzi di posta dei nostri amici (lista bianca o white list) e l'elenco degli indesiderati (spammer e affini) che andranno messi sulla lista nera, o black list. Purtroppo sappiamo anche che gli spammer e tutti coloro che inviano posta indesiderata, utilizzano appositi software con cui cambiano in continuazione il mittente, per cui la validità della lista nera viene ad essere quasi nulla. Dovremmo aggiornarla in continuazione, e sempre con il rischio che qualche male intenzionato superi il filtro della lista nera. Discorso analogo per la White List: sappiamo che è possibile ricevere una mail contenente virus da un mittente conosciuto (un vostro amico, la Presidenza del Consiglio, etc.), dunque anche questa opzione non garantisce totalmente sulla affidabilità della posta ricevuta.

Nelle opzioni di posta, invece, è possibile dare impostazioni di carattere generale sui messaggi, come ad esempio chiedere la conferma prima di inviare una risposta automatica ad un messaggio, come quando vi chiedono in automatico al conferma della lettura quando aprite un messaggio.

Le opzioni del Calendario permettono di impostare la visualizzazione, quali ad esempio: quali giorni vogliamo visualizzare, il colore dei diversi calendari, se ne usiamo più di uno; la possibilità che altri utenti possano accedere al nostro calendario (opzione molto utile nel caso dobbiate pianificare riunioni con i vostri colleghi di lavoro), l'orario standard della nostra giornata lavorativa, etc.

8.5 *Altri prodotti di posta*

Outlook è il prodotto di gran lunga più diffuso, anche per merito di una politica estremamente aggressiva di Microsoft, tuttavia non è l'unico client di posta. Ultimamente "piccoli client" avanzano e si fanno strada, erodendo quote sempre più significative di mercato. Tra questi vale la pena di ricordare Mozilla Thunderbird, Eudora e Pegasus.

In genere si tratta di software scaricabili liberamente da Internet (basta una ricerca con Google per trovare il sito da cui scaricarli), facilmente installabili, e con un occhio particolare alla sicurezza.

Ad esempio, sapendo che spesso i virus possono nascondersi nelle foto inserite all'interno di una e-mail, questi client di posta non rendono subito visibili le foto, ma aspettano che sia l'utente a dare l'autorizzazione alla visualizzazione delle foto; e similmente si comportano con gli allegati, potenziali vettori di virus: cliccando sopra un allegato non aprono immediatamente il file, ma chiedono con quale software vogliamo aprirlo: consigliabile far passare un antivirus prima dell'apertura, ma vedremo meglio come fare nel capitolo sulla sicurezza.

Le funzionalità presenti in questi software sono in tutto e per tutto simili a quelle di outlook: permettono di ricevere ed inviare programmi di posta, di gestire più caselle di posta (lavoro, amici, etc.), di gestire più account di posta, etc., ma hanno il vantaggio di essere un po' più curati sul fronte della sicurezza, anche se la principale causa di infezione da virus sono troppo spesso i nostri comportamenti superficiali.

Infine, è possibile leggere la posta direttamente dal WEB, usando il client del gestore di posta a cui siete abbonati. In questo caso non dovete scaricare nessuna posta sul vostro PC né installare alcunché, ma semplicemente accedere al servizio via WEB per poter leggere e spedire e-mail, allegare file, scaricare file sul vostro Hard Disk, etc. I file allegati possono essere scaricati e salvati sul nostro PC, mentre le e-mail possono essere lasciate sul server del nostro gestore di posta, con l'unica limitazione dello spazio disponibile per ciascun utente.

In generale questi WEB-Client hanno filtri anti-spam piuttosto efficaci e i rischi di infezione sono decisamente ridotti; per contropartita sono in genere più lenti da utilizzare e hanno limiti di spazio utilizzabile, cosa che obbliga a cancellare spesso la posta in eccedenza.

8.6   Il Bon-Ton della Posta Elettronica

Troppo spesso quando facciamo uso della posta elettronica non badiamo ad alcune semplici regole di buon costume. Questo capitolo non vuole essere un vero e proprio manuale di educazione sull'uso della posta, ma vuole ricordare alcune situazioni fastidiose sulle quali vale la pena di fermarsi a riflettere.

Catene di e-mail

La prima cosa fastidiosa è l'invio delle interminabili catene di S. Antonio. Un tempo, quando ero ancora un bambino (più o meno ai tempi della seconda guerra punica), simili catene si inviavano per posta ordinaria. Ricevevi una lettera, dovevi farne un certo numero di copie (a mano) per dei tuoi amici e parenti, ricopiando il testo. Se non lo facevi la sfortuna ti avrebbe perseguitato, ma se tu lo avessi fatto, anche dopo che la casa ti era andata a fuoco, la fortuna ti avrebbe nuovamente arriso. Buffo vero? Esistevano poi varianti in cui dovevi spedire sette buste con 500 (a volte con mille) lire a sette indirizzi diversi; conosco persone che sono riuscite guadagnarci un po', nessuno che sia riuscito a cambiare vita.

Avviene qualcosa di simile con le catene via e-mail di oggi. La cosa si era un po' persa con l'uso del telefono, infatti non so di nessuno che abbia ricevuto una telefonata che suggeriva di farne altre 10 ad altrettanti amici dopo aver ricopiato a penna l'esatto testo da citare: troppo macchinoso.

La facilità con cui si può, con pochi click, spedire una mail non a 10, ma a 100 o 1000 persone, rende lo strumento devastante. Queste catene possono, a volte, essere divertenti, ma di certo non vi arricchiscono di nessuna sapienza particolare, mentre invece riescono benissimo a far perdere, a noi come agli amici a cui le inviamo, un sacco di tempo.

Un altro aspetto da non sottovalutare è che negli allegati (foto, musiche, giochi) possono nascondersi insidiosi malware che a nostra insaputa spiano il nostro lavoro, possono comunicare le nostre password, possono arrivare ad impadronirsi del nostro computer.

Inoltre, molti degli allarmi lanciati via mail sono vere e proprie bufale, falsi allarmi, false petizioni o avvisi la cui validità è da tempo decaduta. Purtroppo è facile lanciare un appello via e-mail se tuo figlio sta male e non sai più cosa fare, però troppo spesso ci si dimentica che questo messaggio girerà in rete per anni, a volte costringendo chi ha lanciato il messaggio e messo a disposizione, oltre alla casella di posta anche un telefono, a non poterli più usare[32].

Non c'è, per questo problema, un vero e proprio rimedio radicale, ancora non esistono software anti-bufala automatici: quello che deve sempre restare acceso è il nostro livello di attenzione. Leggere attentamente le e-mail, scoprire la data in cui l'e-mail è partita (e a cui è possibile chiedere delucidazioni) o scoprire altri elementi utili a smascherarne la falsità è importante. Se c'è un numero di telefono a cui rivolgersi spesso basta una telefonata per togliersi ogni dubbio[33].

E se proprio non riuscite con i vostri mezzi potete andare sul sito www.attivissimo.net e, attraverso una semplice ricerca, scoprire se la mail che vi hanno mandato è vera, falsa o tragicamente scaduta.

Utilizzo della copia conoscenza nascosta
Se proprio vi scappa di mandare una e-mail a mezzo mondo, perché volete condividere qualcosa con gli altri, abbiate almeno la cura di utilizzare voi stessi come destinatario della posta (magari utilizzando il vostro secondo indirizzo di posta), e utilizzare l'opzione Bcc (o Ccn) della posta elettronica. In questo modo non renderete pubblico l'indirizzo di posta dei destinatari della vostra e-mail a tutti gli altri destinatari. Questo comportamento va attuato soprattutto se gli indirizzi

---

[32] Se non ci credete andate sul sito www.attivissimo.net e cercate il caso dei Golden Retriever (basta digitare "Golden Retriever" sul motore di ricerca google all'interno di office). Ancora a distanza di anni gira l'e-mail in cui si propone l'adozione per questi cani, perché altrimenti potrebbero essere eliminati entro una settimana.
[33] Mi è personalmente capitato di dover chiamare un ospedale che cercava sangue per un bambino. Il caso era vero, ma consigliavano di evitare di propagare l'informazione, in quanto erano sommersi dalle telefonate di offerte di aiuto, e ormai l'emergenza era passata. Una mail in rete può stare tanto di quel tempo, che quando vi arriva la seconda volta, potete correre il rischio di non ricordare di averla già ricevuta.

usati provengono da ambiti diversi (mischiando, come sovente succede, indirizzi di lavoro, di amici, del circolo di pesca, etc.).

Usare l'opzione **Bcc** non solo serve a preservare la privacy dei vostri amici, ma soprattutto salvaguarda la loro sicurezza. Infatti, uno dei modi attraverso cui i malandrini di Internet si procurano indirizzi di posta, che verranno poi rivenduti agli operatori più subdoli, è proprio attraverso il lancio delle catene di e-mail, falsi appelli, false petizioni, etc.

Un appello falso, che però viene inoltrato a molte persone proprio perché fa richiamo sul nostro senso del dovere[34], sulla nostra morale, perché ci commuove, per mille altri motivi, contiene un carico di informazioni, per il malintenzionato, decisamente profittevole. Decine e decine di indirizzi di posta in chiaro, con spesso indicazioni quali l'azienda per cui si lavora. Esistono talmente tanti modi per carpire informazioni, che servirle così su un piatto d'argento è un regalo fin troppo invitante.

Quando ricevo appelli che sembrano fasulli, mi accerto della loro effettiva falsità (il sito di Paolo Attivissimo, che vi ho appena citato, è di solito il primo che utilizzo) e quindi rispondo, in modo garbato, a tutta la lista di e-mail, avvertendo della falsità dell'appello, e richiamando l'attenzione sui rischi e sulla ingenuità di certi invii di posta.

Esempio di testo di risposta

Gentili Signori (Cari amici),
ho ricevuto questa segnalazione, e ne ho personalmente verificato la attendibilità. Purtroppo ho potuto riscontrare che si tratta di un messaggio non veritiero.

---

[34] E' piuttosto curioso il nostro comportamento, meriterebbe un approfondimento sociologico. Se vediamo una persona che sta male per strada facciamo finta di non vederla, se assistiamo ad una aggressione giriamo la testa dall'altra parte, ma se leggiamo su di una mail che c'è una salamandra (un cucciolo di lombrico albino, una folaga tibetana o un qualsiasi appartenente al regno animale) abbandonata che rischia di morire, allora interessiamo subito centinaia di amici nella speranza che almeno loro (io non posso proprio, mi spiace, stasera devo lavarmi i capelli), possano assisterla ed evitare così questa tragedia dell'umanità.

Difatti l'appello è già tragicamente decaduto (falso, etc.), come potete facilmente verificare voi stessi al seguente link:

www.attivissimo.net/pagina_corretta

Vi pregherei, prima di inoltrare altri messaggi analoghi, di effettuare voi stessi questa semplice verifica. In fondo si tratta di perdere pochi minuti a vantaggio del traffico di rete e dell'intasamento delle caselle di posta.

Le catene fasulle vanno fermate, non propagate.

Grazie

Basta un click

Nelle comunicazioni aziendali, invece, è sempre più diffusa l'usanza di mandare una mail alla persona interessata e contestualmente a mezza azienda per conoscenza. Anche questo atteggiamento è piuttosto antipatico e controproducente. Nasce dalla (falsa) convinzione che "io il mio dovere l'ho fatto, ho avvertito chi di dovere", dimenticando che:

- molte delle persone che leggono le nostre mail non sono interessate al nostro problema, e comunque non possono (e non potrebbero) fare nulla per risolverlo;
- se il problema è davvero importante ed urgente, il mezzo migliore è il telefono. La posta potrebbe essere letta anche dopo molti giorni;
- spesso, per la fretta, si mandano comunicazioni, anche riservate, alle persone sbagliate (capita di mandare l'email al nostro capo per lamentarci di quello str.xx del cliente, e di mandarla anche al cliente stesso per conoscenza);
- obblighiamo i nostri colleghi a perdere molto tempo per leggere comunicazioni di servizio che non servono. E logicamente questo succede anche a voi, perché prima di cestinare una posta, o di archiviarla nella cartella **Forse un giorno lo farò**, dovete pur leggerla e capirla questa mail. E se, come spesso succede, chi scrive da per scontato tutto quello che è successo fino a quel

momento, per capire che non siete i destinatari corretti di quella posta può volerci un bel po' di tempo.

8.7   Allegati di posta elettronica

Gli allegati di posta rappresentano una delle innovazioni maggiori del nostro modo di lavorare. Posso condividere i miei documenti e i miei progetti con colleghi ed amici anche molto lontani, leggere una relazione e suggerirne le modifiche, mandare la foto della mia famiglia ad un parente lontano. Bellissimo, però.... Anche qui abbiamo un rovescio della medaglia.

Intanto un allegato può essere molto pesante[35], richiedere tempo per l'invio, e può non essere ricevuto dal destinatario in quanto la sua casella di posta non è in grado di ricevere file così grandi, oppure è semplicemente già piena.

Se poi siamo noi a ricevere gli allegati, allora l'attenzione deve essere massima. Gli allegati di posta sono, al momento, uno dei principali veicoli di infezione da virus e simili, e le tecniche utilizzate sono moltissime.

Occorre diffidare di mittenti sconosciuti (è la versione moderna del non accettare caramelle da sconosciuti), di messaggi di posta sibillini, di allegati troppo allettanti. Se una fantomatica Veruska vi manda un messaggio "clikka qui per vedere mia foto", avete molti motivi per dubitare dell'allegato. Non conoscete nessuna Veruska, l'italiano è incerto e sembra frutto di un traduttore automatico; poi, via, mica vi mancherà una foto di un/una bel ragazzo/a? Gli allegati si prestano particolarmente a veicolare virus, anche perché spesso viaggiano in forma compressa (zippati, non è una parolaccia, è una modalità di compressione del file), e in tale modalità possono sfuggire al controllo

---

[35] Nel caso di allegati piuttosto corposi è molto meglio utilizzare l'FTP, o File Transfer Protocol, che permette l'invio di file di grandi dimensioni tra utenti diversi. I software che permettono l'FTP sono molti e scaricabili gratuitamente da Internet; vanno ovviamente configurati opportunamente e il loro utilizzo non è, in genere, semplice ed immediato. Tuttavia con un po' di sforzo è possibile ottenere grandi soddisfazioni. Scambiare file di grandi dimensioni con questo strumento, soprattutto se si possiede una connessione ADSL, è relativamente veloce ed immediato.

dell'antivirus. Una volta aperti possono installare un malware sul vostro PC. Ne vale la pena? Direi di no. Comunque se la curiosità è così forte da non poter fare a meno di aprire un allegato, almeno fatelo in condizioni di sicurezza. Mettete l'allegato in una cartella di **decantazione** (ad es. c:\temp\posta), aspettate alcuni giorni, se proprio volete essere sicuri, per aggiornare il vostro antivirus, quindi fate verificare i vostri file con l'antivirus aggiornato. Sarete così un po' più tranquilli, anche se il rischio esiste comunque e io il messaggio di Veruska lo avrei cancellato subito.

9 Internet Explorer e strumenti alternativi

Cosa dire di Explorer che non si sia già detto? Partire dalle origini è abbastanza inutile, dato che ormai Internet è da molto tempo a disposizione di tutti[36], e che sembra quasi inutile raccontare cose che sappiamo già.

Explorer è il browser di gran lunga più utilizzato, anche se "piccoli browser crescono". Come per gli altri strumenti, lo scopo sarà cercare di utilizzare al meglio Explorer, mettendovi però sull'avviso dei limiti e della vulnerabilità agli attacchi esterni, cosa che rende consigliabile l'utilizzo di alcuni browser alternativi.

9.1   Il mondo Internet

Probabilmente non è il caso di spiegare in modo dettagliato cos'è Internet, la struttura su cui si basa, etc., poiché credo che ne abbiate già una certa conoscenza, nel bene e nel male.
Sappiamo, perché ormai lo troviamo anche sull'etichetta dell'acqua minerale, cos'è un indirizzo Internet. E' una roba che inizia con www e finisce con .com, o con .it o con qualche altra sigla a volte sconosciuta. Sappiamo anche che se vogliamo andare in vacanza su qualche isola tropicale, e facciamo una ricerca col nostro browser, troveremo migliaia di riferimenti che punteranno a moltissime pagine, per cui forse decideremo di passare dall'agenzia sotto casa a ritirare il catalogo Alpitour di quest'anno "mete esotiche".

---

[36] In effetti Internet non è proprio a disposizione di tutti; lo è per noi, che abitiamo in una zona privilegiata del mondo. In occidente Internet è a disposizione di una gran parte della popolazione, mentre in molti altri paesi l'accesso alla rete non è per nulla scontato. E laddove Internet inizia ad avere una certa diffusione, può subentrare la censura ad impedire un pieno e completo accesso alle fonti e alle informazioni ritenute "imbarazzanti", basti pensare le richieste fatte a Google e a Wikipedia dal governo cinese. Questo fenomeno, che insieme agli altri fattori di distribuzione delle ricchezze nel mondo tende ad accentuare le differenze, è noto come "Digital Divide", e potrebbe diventare, nell'era dell'informazione, un ulteriore elemento di divisione tra il nord e il sud del mondo.

Non vi è già capitato? Fortunati. Ma forse utilizzate poco il browser per fare ricerche, oppure avete elaborato delle strategie di ricerca migliori e riuscite ad ottenere dallo strumento esattamente quello che ricercate.

Explorer è il mezzo con cui otteniamo i nostri risultati (Informazioni), per lavoro, svago, hobby o divertimento importa poco. Evidente che, parafrasando una massima Zen, **se non sai cosa stai cercando non troverai nulla**[37], e ottenere troppe informazioni spesso è peggio che averne troppo poche. Vediamo, abbiamo parlato di informazioni, Internet, Browser e motori di ricerca, ma ciascuno di questi svolge un ruolo ben preciso, per cui è giunto il momento di mettere un po' d'ordine nelle nostre conoscenze.

Internet è una rete di computer collegati tra loro, in cui ad ogni computer corrisponde un indirizzo pubblico[38] che permette di rintracciare proprio quel computer tra i milioni di server collegati alla rete. Parlando di Internet si parla della rete globale, o della rete delle reti, in quanto Internet mette a disposizione le risorse di milioni di computer e di migliaia di reti di PC.

Su questi computer sono registrate delle informazioni (libri, articoli, schede prodotto, spiegazioni varie, informazioni culturali e turistiche, informazioni specialistiche, ma anche musica, film, etc.) che qualcuno ha scritto in precedenza, e che mette a disposizione degli altri, utilizzando delle opportune regole di presentazione (riconducibili a pagine HTML). Tali regole permettono al browser di accedere ad un server, trovare le informazioni ed esporle all'utente che le ha cercate. Ovvio: nessuna informazione scritta, nessuna informazione trovata.

Per scambiare le informazioni depositate sui server di tutto il mondo, viene utilizzato uno specifico protocollo di comunicazione, denominato TCP/IP (Transmission Control Protocol / Internet Protocol). Il TCP è stato originariamente progettato per il Ministero della Difesa americano,

---

[37] Se non sai dove stai andando non arriverai da nessuna parte. Proverbio Zen.
[38] Si tratta degli indirizzi IP, che si presentano nella forma 192.168.1.1 ad esempio, e che sono assegnati in modo univoco a ciascun server della rete.

e ha avuto larga diffusione anche per merito dell'Università di Berkeley, che ne ha distribuito i sorgenti. Il punto di forza del TCP à l'alta affidabilità nello smistamento della comunicazione.

9.2   Accesso alla rete

Per poter avere accesso alla rete, ovviamente, serve un dispositivo che vi colleghi fisicamente all'esterno. Tali dispositivi prendono il nome di **modem**, e si connettono da un lato al PC e dall'altro alla presa del telefono. Questi aggeggi servono a codificare e trasmettere in modo digitale le informazioni dal nostro computer alla rete esterna. Per l'uso e la configurazione del modem, di solito, viene fornita una procedura guidata di installazione che, se vi dice bene, vi permetterà in pochi e semplici passaggi di essere connessi ad Internet (procedimento spesso noto come **plug and play**), altrimenti dovrete ricorrere al servizio di assistenza del gestore con cui avete fatto l'abbonamento (procedura **plug'n pray**[39]).

Vedremo adesso la parte software e le procedure di collegamento ad Internet, anche se non in modo approfondito. Partiamo dalla configurazione dell'accesso a Internet. Da **Start** accediamo al **Pannello di controllo**, e quindi selezioniamo l'icona **Opzioni Internet**.

Le opzioni da selezionare sono davvero molte, soprattutto quelle che riguardano la configurazione di Explorer per limitare gli accessi indesiderati al vostro PC; la configurazione di tutte le opzioni richiede una discreta conoscenza del PC, qualche manuale di approfondimento, e una bella dose di pazienza. Mi limiterò a illustrare le opzioni principali, rimandando alla letteratura esistente per i necessari approfondimenti.
La pagina con cui si presenta il box di dialogo **proprietà di internet** permette di agire su molte impostazioni di base, ma anche su impostazioni che richiedono un po' più di conoscenza dell'argomento internet. Da questa prima videata potete impostare la pagina con cui volete aprire Explorer (casualmente impostata sul sito Microsoft), eliminare i cookie e i file temporanei e cancellare la cronologia.

---

[39] La prima frase significa letteralmente collega e utilizza, la seconda collega e prega.

I cookie[40] sono dei file che vengono inviati e salvati sul vostro computer e che contengono alcune informazioni riguardanti la navigazione del sito. Quando visitate nuovamente lo stesso sito, nelle volte successive, il cookie trasmette le vostre informazioni al sito, così da permettere il riconoscimento del navigatore, e predisporre la form di login, le preferenze di navigazione, la gestione del carrello degli acquisti virtuali e consentire, in definitiva, una navigazione più veloce.

Se è vero che i cookie dovrebbero aiutarvi nella navigazione, è altrettanto vero che di fatto i cookie sono diventati i trasmettitori delle vostre preferenze di navigazione, trasferendo preziose informazioni di marketing, nei casi migliori, o informazioni personali riservate in quelli peggiori; per questo sono stati oggetto, nel passato, di due udienze della Commissione degli Stati Uniti in commercio federale nel 1996 e nel 1997.

Il navigatore prudente dovrà fare attenzione ai cookie e preferirà utilizzare un browser che permette di accettare / rifiutare cookie non desiderati. In ogni caso sarebbe meglio, con una certa sistematicità, provvedere alla cancellazione di questi file, che a lungo andare possono arrivare ad occupare cospicue porzioni del disco rigido.

Per cancellare tutti i cookie possiamo utilizzare la scelta che troviamo, come indicato nella figura seguente, sulla pagina iniziale del box di dialogo, e cliccare sul bottone corrispondete ad elimina cookie.

---

[40] Se stessi scrivendo in inglese, dovrei scrivere cookies, ma è consuetudine, in italiano, scrivere il singolare della parola inglese anche se si utilizza, come in questo caso, al plurale.

Il box vicino presenta l'etichetta Elimina file: si tratta dei file temporanei, che sono file che vengono utilizzati dal browser Internet, per usi vari, e anche questi andrebbero cancellati ogni tanto, per recuperare spazio su disco.

Infine, la cronologia permette di ritrovare un indirizzo digitato in precedenza sul nostro browser: quando digitiamo www.f sulla barra dei comandi del browser, appariranno tutti i siti (sui quali siamo già andati, e che iniziano per f aprendo una finestra di dialogo da cui è possibile scegliere il sito su cui volevate posizionarvi.

Gli altri tre TAB delle linguette di scelta presenti sulla stessa riga (**Protezione, Privacy, Contenuto**) non offrono particolari spunti di commento: si tratta di selezionare il grado di sicurezza con cui vogliamo essere presenti su internet.

I tre TAB della seconda riga (**Connessioni, Programmi, Avanzate**) meritano un attimo di approfondimento. Il primo, connessioni, serve per impostare le connessioni verso l'esterno del vostro computer. Dovrete configurare in questo Tab i parametri per utilizzare Internet con un modem oppure per connettere il vostro PC in rete. Per una esatta configurazione, troppo lunga per gli obiettivi di questo manuale, fate riferimento all'amministratore della rete, al manuale del modem, alle indicazioni del vostro provider.

Il secondo Tab, programmi, è relativamente facile da capire: si tratta di impostare i programmi preferiti per l'utilizzo di internet, posta elettronica, gestione contatti. In generale sono impostati come predefiniti i prodotti Microsoft, ma voi potete variare il programma che vi interessa. Così, se da un sito WEB volete chiedere informazioni per e-mail, attivando l'icona relativa partirà il programma di posta elettronica che avrete indicato come preferito proprio in questo Tab.

Da ultimo, abbiamo il tab più importante per la vostra sicurezza: **avanzate**. Da questo tab vi si apre un lungo elenco di possibilità che dovete confermare o de-selezionare.
Per una più attenta impostazione vi rimando, ancora una volta, al libro di Paolo Attivissimo, mentre qui posso solo consigliarvi di prestare una particolare attenzione alle scelte raggruppate sotto il lucchetto giallo: per queste scelte attinenti la sicurezza soppesate attentamente se e quando dare il consenso.

10 Sicurezza Informatica

Per gli aspetti relativi alla sicurezza informatica, ovviamente, non basta certo un capitolo all'interno di un libro generico, che pretende di dirvi di tutto un po' ma che non dice nulla di preciso. Tuttavia sarà il caso almeno di riflettere su cosa c'è la fuori (oltre il giardino, direbbe Peter Sellers), e darvi qualche (spero) buon consiglio. Avete presente Cappuccetto Rosso con le pedanti raccomandazioni della mamma? Su Internet direi che può essere molto peggio, soprattutto se tenete comportamenti ad alto rischio. I mariuoli informatici sono molto preparati e spesso non perdonano[41].

10.1 Virus, Worm, Spyware, ...

I primi virus colpirono molto l'immaginario delle persone. Come può un virus (alcuni pensavano ai virus veri, non a quelli informatici), infettare un ammasso di fili, rame e circuiti come un computer?

Il primo virus di cui si ha notizia fu "Elk Cloner", rilasciato nel **1982** da **Rich Skrenta**, si propagava sui PC della Apple.

Passarono alcuni anni e un bel giorno (siamo nella seconda metà degli anni '80) la notizia del primo attacco di un virus passò al telegiornale: per la maggior parte delle persone, compresi gli addetti ai lavori, la notizia aveva dell'incredibile, mentre per la gente comune era fantascienza.

Oggi un virus è citato in una "breve" di cronaca, solo se riesce a mettere fuori uso milioni di computer nel mondo.

Il primo "virus" che mi capitò era piuttosto innocuo: il computer si fermò un attimo con un messaggio simile a questo: *rilevato comportamento anomalo* ....., quindi iniziarono una serie di rumori

---

[41] Vi domanderete come mai vengono inviate così tante mail contenenti truffe, raggiri, promesse di vincite, regali, etc. Uno studio recente ha valutato che ogni pesce che abbocca alla rete delle truffe informatiche vale (o rende) circa 1.200 dollari. Un ottimo motivo per i truffatori per provarci in modo sistematico con quante più persone possibili.

strani accompagnati da messaggi video tipo: pulizia del PC, lavaggio del computer, risciacquo del computer, asciugatura, etc., fino al messaggio finale: computer pulito. Anni dopo ho avuto modo di conoscere di persona l'autore di questo amabile scherzo (o almeno uno degli autori), che ancora ne parlava divertito. Oggi gli attacchi possono essere molto più silenziosi e, al tempo stesso, molto più devastanti.

Il virus informatico, che chiameremo per semplicità virus, non era altro che un programma, o meglio una porzione di codice, che si "agganciava" ad un programma, e che veniva eseguito ogni volta che veniva eseguito anche il programma ospitante. Dopodiché si sistemava tranquillo in memoria e aspettava che altri programmi venissero eseguiti per attaccarvisi, propagando così l'infezione. Poi, al verificarsi di un determinato evento, che poteva essere una data ben precisa, o l'esecuzione di un certo comando, il virus diventava attivo, cancellando i dati dal disco fisso o mettendo in essere comportamenti anomali. I primi virus disastrosi erano programmati per "svegliarsi" molto tempo dopo, in base ad una determinata data di sistema, e potevano agire in posti molto lontani. Programmare una data lontana nel tempo consentiva agli autori di avere un raggio di azione molto ampio e di avere molto tempo a disposizione per la propagazione silenziosa.
In un'epoca priva di internet, le infezioni erano lente a propagarsi e relativamente poche e poco malevole, anche perché il principale mezzo di propagazione era il floppy disk[42].
Oggi il numero di nuovi virus che giornalmente vengono immessi su internet è impressionante, tanto che le società che producono anti-virus

---

[42] Alcuni software commerciali erano "portatori sani" di virus, che venivano attivati nel momento in cui si cercava di sproteggere (oggi si direbbe crakkare) il prodotto per il successivo riutilizzo gratuito. Quando il software verificava che la protezione era stata aggirata faceva partire il virus, il cui obiettivo poteva essere anche piuttosto devastante. Negli anni '80 uno dei principali metodi di protezione dei software commerciali consisteva nell'utilizzare una piastrina di controllo, che andava inserita nella porta RS232, porta utilizzata in genere per le stampanti. Dal software in genere si effettuavano delle chiamate alla piastrina e in mancanza di una risposta si poteva procedere in diversi modi: bloccare l'utilizzo del software o, come suggerito dal manuale di utilizzo della piastrina, attivare un virus.
Oggi uno dei veicoli di contagio è proprio l'utilizzo di software per simulare la corretta registrazione di software commerciali, che dopo aver suggerito la chiave per sbloccare il software, possono essere veicolo di malware.

rilasciano nuovi aggiornamenti anche con cadenza giornaliera, ma soprattutto i nuovi virus sono molto più devastanti: producono rallentamenti nel sistema informativo (del nostro PC o della rete del nostro ufficio), trasmettono informazioni su di voi a vostra insaputa, consentono a persone esterne di entrare sul vostro PC e cercare un file che si chiama password.doc, ad esempio, per avere accesso ai vostri dati riservati; utilizzare il vostro client di posta elettronica per mandare messaggi (credibili) agli amici e conoscenti della vostra rubrica infettando a loro volta altre persone.

Gli spyware si installano silenziosamente sul nostro computer, utilizzando cookies o chiavi di registro, e inviano, in modo del tutto silenzioso, informazioni sui nostri comportamenti (informatici si intende) ai loro proprietari, che possono così conoscere le nostre preferenze di navigazione, la nostra e-mail e altre informazioni riservate.

I trojan-horse (cavalli di troia, conoscete la storia di Ulisse, Elena, Achille, etc.?) sono programmi o file incapsulati in file dall'apparenza innocua, camuffati da gioco, programmi di utilità, foto, mp3, etc. Il Trojan ha la capacità di introdurre virus sul nostro computer. Si presentano nei modi più vari e insospettabili, e proprio per questo sono molto pericolosi.

I retrovirus sono virus che vengono utilizzati per mettere fuori uso i vostri sistemi di protezione, e permettere così l'accesso alle vostre risorse da parte di altri virus. Vengono chiamati così perché il loro comportamento è simile ai retrovirus reali che confondono il nostro sistema immunitario, permettendo ai virus di aggredirci.

I **rootkit** riescono ad installarsi sul nostro computer ad insaputa del nostro sistema di rilevazione dei virus; spesso riescono a rendere inoffensivi i software antivirus e firewall installati in precedenza, impedendo loro di partire e di aggiornarsi. Spesso non si riesce a ripristinare l'antivirus procedendo alla disinstallazione e alla successiva re-installazione. Dopo aver disabilitato il nostro sistema di sicurezza, vengono aperte le porte al successivo ingresso sul nostro PC di altri virus, permettendo il controllo del c computer in remoto da parte di altri malintenzionati. La rimozione di questi software non è mai banale, ma la soluzione può arrivare da internet, dove esistono delle procedure di controllo e rimozione on-line. Ricordo, ma solo a titolo di esempio, i software di verifica on line di Kaspersky (www.kaspersky.com) e di Panda Active Scan (www.pandasoftware.com); entrambi permetto la scansione on line del PC senza dover installare nulla. Questa procedura serve ad evidenziare il tipo di virus che si è introdotto sul PC, ma non a rimuoverlo. Individuato il virus, con tanto di nome e cognome, possiamo cercare su Internet i software che ne consentano l'eliminazione diretta. Il mio augurio, però, e di non incappare mai in situazioni del genere.

Le modalità esposte per i virus, oggi non sono più tanto vere, anche perché sono in continua evoluzione. Oggi le tecniche maggiormente utilizzate per la diffusione dei virus vengono denominate tecniche di **social-engineering**[43]. Si tratta di tecniche che, sfruttando le nostre debolezze, provocano un abbassamento del nostro livello di guardia, permettendo ad uno o più virus di entrare nel nostro sistema.

In genere si tende a raggruppare tutti i virus sotto un'unica categoria di aggressioni: i **malware**, o programmi malevoli.

Il veicolo principale dei virus e dei loro simili oggi è Internet, che alla facilità di uso degli strumenti a disposizione (windows, explorer, etc.) unisce una ancor più facile apertura alle aggressioni esterne. E' incredibile come la gente sia così troppo superficiale nelle abitudini di esplorazione. Ci sono persone che tornano indietro tre volte per vedere se hanno chiuso la porta di casa, che tengono il portafoglio ben stretto,

---

[43] Le tecniche di social Engineering si stanno affinando sempre più. Le prime mail invitavano semplicemente ad aprire un allegato. Se il mittente era uno sconosciuto potevamo avere il ragionevole dubbio che l'allegato contenesse un Worm.
Quindi ha iniziato a scriverci Samantha, e ci ha insospettito leggere; clicca qui per vedere cosa faccio con le mie amiche".
Oggi la tecnica più ricorrente è una mail di un avvocato che vi minaccia di portarvi in tribunale e chiedervi i danni se non la smettete di inondargli la casella di posta elettronica. Ma il buon avvocato vi suggerisce anche la scappatoia: un suo esperto ha già individuato l'antivirus giusto: non dovete far altro che seguire il link che vi ha inviato e sarete salvi. Fatevi venire dei dubbi: se l'esperto dello studio (di avvocati, in genere, mette più paura) è così bravo, e ha già trovato l'antitodo, perché una volta corretto il problema non filtra la vostra mail con un anti-spam, anziché minacciare di farvi causa?

che fanno attenzione alle persone che incontrano per strada, per poi abbassare totalmente le difese quando sono su internet: chattano[44] con estrema facilità con qualunque sconosciuto, comunicando molto più di quello che sarebbe opportuno: lasciano il loro indirizzo di posta ad ogni sito che visitano (spesso anche il proprio numero di telefono), e cascano così facilmente nella trappola del "clicca qui e avrai una bella sorpresa".

E' possibile difendersi utilizzando una serie di precauzioni e di software amici (anti-virus), che rilevano le aggressioni, le segnalano e in alcuni casi sono in grado di pulire il componente infetto dal virus.

Purtroppo troppo spesso dimentichiamo che il principale nemico siamo noi, con le nostre debolezze, e che il primo antivirus che deve essere sempre attivo è, per dirla con Paolo Attivissimo, quella roba grigia che sta tra le nostre orecchie. A vostra difesa (non sentitevi dei tontoloni incalliti) posso dire che le tecniche utilizzate da questi mariuoli sono dette di social engineering, e dunque pescano nelle emozioni dell'animo umano, nelle nostre debolezze, per fare breccia, segnalando una vincita, una forte somma da utilizzare, un bambino gravemente malato, un villaggio isolato dal mondo che sta morendo dal freddo, e certamente anche musica gratis, suonerie, foto di ragazze e ragazzi, etc..

Come si manifesta un virus? Un po' come per le infezioni umane, i virus più silenziosi sono i peggiori: sono quelli che lavorano a nostra insaputa per impossessarsi delle nostre informazioni, anche riservate, che trasmettono ai loro proprietari informazioni sul nostro stile di navigazione, ma anche il nostro nome e cognome, la nostra password per l'accesso all'area riservata in home banking, etc. Spesso non manifestano malfunzionamenti evidenti, tutto sembra funzionare bene, e invece l'aggressione è in atto.

---

[44] Dall'inglese chat, o chat-line. Si tratta di aree su internet, o di software, che permettono alle persone di dialogare tra loro. Solitamente le aree di chat sono suddivise in stanze, in funzione degli interessi diversi. Spesso è possibile dialogare con persone di tutto il mondo, nascosti da un nick-name (soprannome) che aiuta a mantenere un po' di riservatezza.

In altri casi il virus è più facile da diagnosticare: abbiamo un netto rallentamento del computer, il tempo necessario a fare lo start-up aumenta notevolmente, il computer ha una propensione a spegnersi e riaccendersi da solo, etc. Di fronte a questi gravi sintomi probabilmente siamo in presenza di un attacco, anche perché un guasto del PC è un evento un po' più raro, tranne il caso della rottura del disco fisso, che però vi avrà sicuramente dato qualche avviso della fine imminente.

Nei casi più gravi possiamo arrivare al punto di non riuscire più a fare lo start-up, e il rimedio può essere penoso: formattazione del disco fisso e nuova installazione del sistema operativo e di tutti i software che utilizzavamo. Questo comporta, ovviamente, la perdita di tutti i dati e un bel po' di tempo per le operazioni di configurazione. Inutile dire che è sempre bene fare copie di salvataggio dei dati più importanti: perderete alcuni minuti al giorno, ma sarete più tranquilli in casi come quello appena descritto.

10.2 *Software di difesa*

Vediamo i principali aiuti alla difesa del proprio lavoro. Se non ci avevate ancora pensato, si tratta di difendere i dati più importanti: quelli che riguardano il lavoro, l'agenda dei nostri contatti, gli impegni presi, e, perché no, anche film, foto e musica digitalizzata nel tempo.

IMPORTANTE: vale la pena di ricordarlo, i software di difesa sono di grande aiuto, ma non sono infallibili. Il primo consiglio di difesa consiste nel nostro atteggiamento mentale. Quando utilizziamo il computer su Internet, o per leggere la nostra posta elettronica, diventa fondamentale mantenere un atteggiamento di costante prudenza. Atteggiamenti di superficialità si pagano cari.

10.2.1 Antivirus

E' il primo e più importante software da installare sul nostro personal. In genere si tratta di due componenti specifiche. Una viene attivata da noi, in modo manuale o automatico, ogni volta che ne sentiamo il bisogno: si tratta della scansione di tutte le unità che contengono informazioni. La scansione completa (deep scanning) delle unità disco richiede solitamente molto tempo, per cui la utilizzeremo con una certa regolarità, possibilmente lanciando la scansione nell'intervallo o di notte, ma non faremo eseguire questa operazione tutti i giorni.

La seconda componente, invece, sorveglia tutti i programmi mentre vengono caricati in memoria o vengono registrati su disco; sorveglia, in sostanza, tutte le operazioni di lettura e scrittura. Possiamo immaginare questo componente come un vigile che sorveglia il traffico all'interno del nostro PC, e che vi avverte nel caso di una "probabile" infezione.
Esistono molti antivirus, gratuiti e a pagamento, con funzionamenti simili. Per la mia esperienza non c'è un antivirus che funzioni meglio degli altri; la differenza spesso consiste nella frequenza degli aggiornamenti per i nuovi virus. La maggior parte degli antivirus hanno aggiornamenti giornalieri, cosa che rappresenta una garanzia di affidabilità. Nei casi peggiori, quando abbiamo la convinzione di essere sotto attacco, ma non riusciamo a debellare il virus, può essere consigliabile provare ad installare un antivirus diverso, oppure ad effettuare una ricerca in rete (con un motore di ricerca) con il nome del virus sospetto per trovare una soluzione specifica.
Non è consigliabile avere più di un antivirus installato, dato che è più facile che i due antivirus entrino in conflitto tra loro piuttosto che vi difendano il doppio.

10.2.2 Anti Spyware

Sono software che verificano le chiavi di registro, i cookie e tutti gli altri software installati a vostra insaputa e presenti nel vostro sistema. Anche in questo caso abbiamo prodotti gratuiti o a pagamento, ed entrambi funzionano egregiamente[45]. Si possono reperire su internet, e vale la pena di eseguirli almeno una volta alla settimana anche se personalmente lo eseguo con un frequenza maggiore (siamo alla parodia della medicina:

---

[45] In generale la differenza tra i prodotti a pagamento e quelli gratuiti è data dalla frequenza degli aggiornamenti e dalle funzioni disponibili.

prenda un virus shield ogni ora e un anti spyware una volta alla settimana).

Prima dell'esecuzione vale la pena di aggiornare il nostro software; generalmente c'è un bottone che provvede a lanciare l'aggiornamento, ma ovviamente dovete essere collegati ad Internet.

Se non avete mai usato questo tipo di software, è probabile che la prima volta troverete decine di oggetti misteriosi e pericolosi sul vostro PC. Il fatto che gli spyware siano silenziosi non vuol dire che siano meno pericolosi, e comunque sono in grado di rallentare pesantemente le prestazioni della nostra macchina.

10.2.3 Firewall

Il Firewall è un dispositivo che controlla il traffico in entrata ed in uscita del nostro computer. La differenza rispetto ad un antivirus o ad uno spyware, è che il Firewall ci avverte ogni volta che un nuovo software cerca di entrare (uscire) nel nostro PC. Rispetto agli altri prodotti di protezione, necessita di una configurazione appropriata per difenderci al meglio.

Si tratta di una sorta di dipartimento di polizia interna del computer, che sorveglia gli ingressi e le uscite non autorizzate (si, anche le uscite possono essere pericolose).

Dobbiamo impostare le porte autorizzate al traffico e bloccare le altre porte. In genere il firewall, inteso come prodotto software, dovrebbe aiutarvi nelle operazioni di configurazione, e avvertirvi quando un software richiede l'accesso verso internet o segnalarvi un tentativo di ingresso non autorizzato sul vostro computer; così quando vedrete una finestra avvertirvi che il vostro browser, appena avviato, richiede l'accesso a Internet, saprete che potrete autorizzarlo.

Il Firewall tiene sotto controllo tutte le porte del nostro PC; molte di queste sono porte fisiche che consentono di collegare il computer alla stampante, al video, alla tastiera, ad un dispositivo USB, etc., ma per quanto riguarda la connessione ad Internet, ad una sola porta fisica, ne corrispondono molte virtuali: per esattezza le porte presenti sono 65535. I numeri di porta sopra il 49151 rappresentano le porte dinamiche. Ogni porta è utilizzata per una specifica funzione: per spedire un e-mail, si utilizza la porta 25, per riceve una mail si usa la 110, mentre per navigare in Internet si utilizza la porta 80.

E' proprio attraverso una delle tante porte non controllate da Windows che virus, worm e trojan cercano di inserirsi sul nostro computer, e il controllo del traffico in entrata e in uscita è proprio il lavoro svolto dal Firewall.

Il Firewall può essere hardware o software. Se avete un modem ADSL, probabilmente questo è dotato di un dispositivo Firewall hardware, che offre in genere un buon standard di protezione, e che ha la caratteristica di esporre il proprio indirizzo IP in rete e, di conseguenza, di mascherare il vero indirizzo IP del computer. Ma non pensiate che un aggressore potenziale si fermi di fronte a simili trucchi: cercherà di entrare sulla vostra macchina utilizzando una serie di indirizzi vicini[46]. Esistono dei Robot (in gergo BOT, software automatici) programmati per fare numerosissimi tentativi di connessione, fino a trovare un PC senza protezione (il vostro!).

Meglio dotarsi di un Firewall software, che chiude tutte le porte del PC e che segnala ogni volta che un componente chiede di passare attraverso una di queste porte, ma fate attenzione: alcuni trojan riescono a introdursi a nostra insaputa sul nostro PC e, una volta attivati, aprono le porte dall'interno. Per questo motivo occorre controllare sistematicamente le impostazioni del nostro firewall ed eventualmente ripristinare le opzioni di base.

---

[46] Se avete l'abitudine di fare dei download, cioè di scaricare film, musica e software da internet utilizzando programmi per lo scambio dei file, quali e-mule, bit torrent, kazaa, etc., potrebbero essere proprio i programmi che scaricate a portarvi in casa dei virus. Vi troverete così i virus in casa anche se avete installato il miglior software Firewall in commercio.

10.2.4 Barra NetCraft

La Barra Netcraft è un Plug-in che dovete installare autonomamente, scaricandolo dal sito www.netcraft.org e che proteggerà la vostra navigazione internet avvertendovi ogni volta che sarete su un sito che cercherà di estorcervi informazioni, o comunque avvertendovi quando siete su un sito non affidabile.

Netcfraft è una organizzazione che si occupa della sicurezza dei dati. Dal sito netcraft troverete molte informazioni utili sulla pericolosità di diversi siti e sulle modalità maggiormente utilizzate per violare le vostre informazioni riservate.

Dovrete cercare all'interno del sito dove si trova la barra, scaricarla sul vostro PC e installarla. Ne esistono versioni per Explorer e Firefox. Una volta installata, si presenterà come nella figura sottostante.

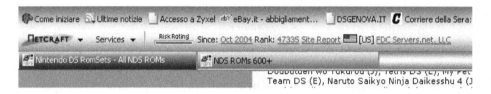

Dal menù Netcraft e dal Menù Services potrete accedere ad informazioni riguardanti i dababase di Netcraft contenenti un breve tutorial sul funzionamento, suggerimenti e consigli per l'uso, oltre agli elenchi dei siti non sicuri.

L'utente meno smaliziato o che non abbia voglia e tempo per approfondire, darà un'occhiata alla barra **Risk Rating**, solitamente di colore verde, e alle informazioni seguenti. La barra del rischio (Risk Rating) si colorerà di rosso al crescere della (presunta) pericolosità del sito che state guardando, sulla base delle informazioni che NetCraft riesce ad acquisire dal gestore del sito. Un sito che non comunichi a riguardo nessuna informazione (Indirizzo IP del sito, anno di registrazione, Nome del dominio, nome dell'organizzazione, etc.) ha una ottima possibilità di essere un sito truffaldino, e dunque viene segnalato dalla colorazione rossa della barra.

Andando più avanti troverete la data a partire dalla quale il sito è in linea (i siti-truffa devono cambiare molto in fretta e avranno sempre date molto recenti), il rank (la posizione nella classifica dei siti più visti), e il Site Report, che vi consiglio di verificare, soprattutto se la barra è più o meno colorata di rosso. Potrete vedere come manchino, per i siti-truffa, le più elementari informazioni riguardanti l'identità del sito. Accettereste un pagamento con carta di credito da una persona che non vuole mostrarvi la propria identità? Certo se chi vuole imbrogliarvi è sufficientemente preparato, vi esibirà un documento falso, ma se non ha nessun documento ciò dovrebbe indurvi a sospettare fortemente della sua affidabilità.

Nel caso, poi, che il sito utilizzi software per estorcere informazioni a voi, utilizzando trucchi o codifiche sospette, **netcraft** bloccherà la transazione mettendovi sull'avviso. Da questo momento il procedere sarà tutto a vostro rischio e pericolo.

McAfee Site Advisor
Un altro software, gratuito, che vale la pena di installare è sicuramente McAfee Site Advisor. Il suo comportamento è simile a quanto già visto per Netcraft: sul costro browser è presente una barra abitualmente verde, che si colora di rosa quando il sito è considerato non affidabile.
Se tentate di accedere ad un sito truffaldino utilizzando il link proposto da una e-mail, McAfee vi avverte del rischio prima di darvi il permesso di accedere al sito. Infine, trovo utilissima la funzione che permette di verificare i siti affidabili dalla ricerca fatta con un motore di ricerca. Nei due esempi riportati nelle figure sottostanti, vediamo che a fronte di una ricerca McAfee ci indichi i siti sicuri con un pallino verde, quelli incerti con un punto esclamativo in un pallino giallo, quelli inaffidabili con una x in un pallino rosso.

Se provate ad andare con il mouse su uno di questi pallini vi apparirà un box contenete informazioni relative al sito: negli esempi riportati è possibile vedere le informazioni relative ad un sito affidabile e ad un sito che è meglio evitare. Le informazioni contenute all'interno del box illustrano chiaramente il grado del rischio a cui siamo esposti.

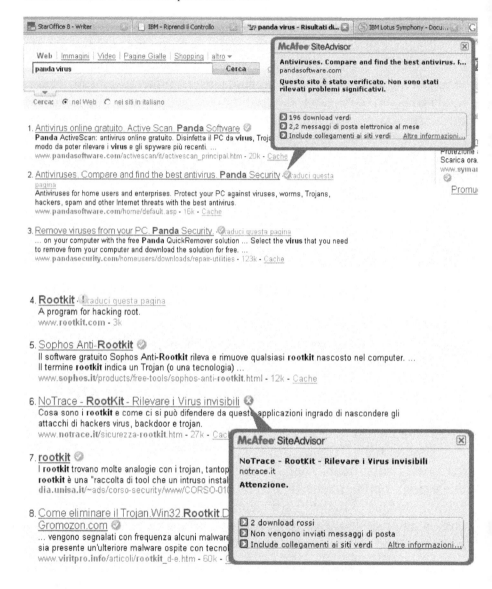

10.2.5 Alcune Considerazioni sul Phishing

Il sito di chi vi deve truffare non sarà mai esplicito nei contenuti, ma cercherà, con tecniche opportune, di mascherarsi all'occhio indiscreto e di mostrarsi persuasivo. Cercherà di non farvi capire esattamente su quale sito vi troviate, e appena carpita la buona fede, e le informazioni necessarie, vi riposizionerà sulla relativa pagina del sito reale. La raccomandazione è fare sempre molta attenzione, tenendo conto che le tecniche si evolvono e la fantasia dei truffatori è sempre al passo con i tempi.

Una delle modalità principali con cui si viene adescati è il richiamo, tramite e-mail, della nostra banca, che avverte l'utente di alcune "operazioni sospette" sul conto corrente, oppure che la password è scaduta e bisogna modificarla. Cliccando sul link che compare nella mail, però, non si arriva nella home-page della nostra banca, ma su quella, simile in tutto e per tutto, del sito-fasullo. Vengono richieste user e password, e una volta ottenuti i dati, si viene re-indirizzati sulla pagina di registrazione al sito reale. Come potete rendervi conto che non è il vero sito della vostra banca, ed evitare così di cadere nel tranello?

Potete leggere la barra degli indirizzi, che dovrebbe darvi l'esatto indirizzo web, ma che può essere falsificato in tanto modi diversi. Se, ad esempio, trovate dei numeri al posto della stringa abituale (ad esempio 190.186.4.18 anziché www.posteitaliane.it), dovete sospettare fortemente, ma l'inganno potrebbe essere più sottile, e farvi vedere la scritta www.posteitaliame.it o varianti simili. Chi nota, nella lettura frettolosa e superficiale, che c'è una **emme** anziché una **enne** e che italiane è diventato **italiame**?
Dovete inoltre fare attenzione alla connessione: quando inscrite le credenziali per un sito bancario o simili, di solito la barra dei comandi (in alto) si colora, compare un lucchetto ad indicare una connessione protetta, lo stesso lucchetto viene replicato in basso, e la connessione non è più http, ma **https**, dove la esse indica la connessione sicura. Ma la cosa più importante è che siate voi a digitare per esteso il nome del sito in cui dovete collegarvi, non cliccando **MAI** sull'eventuale rimando presente in una mail, e nemmeno selezionandolo dall'elenco dei favoriti. Un software mascherato da utilissimo plug-in potrebbe, infatti, re-indirizzare i vostri favoriti verso siti fasulli.

E non è ancora finita. L'ultima truffa messa in atto consiste nello spedirvi una e-mail con una richiesta di donazione per alcune ONLUS famose. Cliccando sul link presente nella e-mail verrete condotti ad un sito della associazione per una donazione liberale. Il sito è ovviamente fasullo e mascherato, ma dopo aver dato i vostri dati (numero di carta di credito) per la donazione, vi riporta al vero sito, ringraziandovi per l'elargizione. Potrebbe trattarsi di una donazione ben più onerosa di quella che avevate in mente di fare.

10.3 Comportamenti di difesa

Ci sono alcune semplici precauzioni che vale la pena di adottare per la propria tranquillità, oltre ai software di protezione che comunque bisogna avere installati e configurati correttamente.

Vediamo quali comportamenti di difesa è opportuno mettere in atto:

- Non aprire mai gli allegati di posta, anche se provengono da un amico, questo perché sappiamo che alcuni virus hanno la capacità di impossessarsi della rubrica degli indirizzi di posta di una persona e di spedire e-mail a tutti i contatti che trova. Certo è una eventualità rara, ma vale la pena di attrezzarsi al meglio. Conviene salvare tutti gli allegati di posta in una cartella "Posta Temporanea" per controllarli con un antivirus in un secondo momento, meglio dopo aver aggiornato l'antivirus;

- Digitare sempre il sito della banca con cui fate home-banking per intero e non fidatevi mai delle mail che vogliono mettervi sull'avviso di possibili movimenti sospetti sul vostro conto. E' una tecnica molto diffusa: "guarda che hai un ladro in casa", corri subito a casa tua, apri la porta di corsa, e in quel momento il vero ladro ti da una botta in testa ed entra per davvero;

- Quando si riceve una e-mail da un sito o da un mittente sospetto, sarebbe opportuno avvertire la polizia postale (www.poliziadistato.it/segnalazioni) attraverso il servizio di segnalazione predisposto. Vi verrà chiesto l'URL del sito sospetto, per cui preparatevi per tempo con le informazioni necessarie;

- Attenzione ai troppi babbi natale presenti sulla rete. Vi hanno selezionato perché avete vinto un premio ad una lotteria a cui non avete partecipato? Oppure vi comunicano che hanno bisogno del vostro numero di conto corrente per far tornare in patria una forte somma di denaro appartenuta ad un connazionale morto quasi sempre in circostanze drammatiche? Vi faranno un bonifico milionario, trattenete la vostra parte per il disturbo e fate il bonifico al numero che vi comunicheranno. Ma voi affidereste una forte somma (per l'eventuale rimpatrio del denaro) ad uno sconosciuto tramite e-mail? Andiamo, siamo seri, voi non lo fareste mai. E se lo sconosciuto si trattiene tutta la somma? Le forme utilizzate sono sempre più sofisticate e prendono il nome di social engineering: cercate con google e ne avrete un bel campionario. Potremmo chiamarle tecniche di "distrazione di massa";

- Non accettate facili lavori su internet, soprattutto se prevedono l'utilizzo del vostro conto corrente. Nella migliore delle ipotesi potreste essere accusati di ricettazione e riciclaggio. Ma svuotarvi il conto sarà un gioco da ragazzi. Ovviamente prima vi si fa annusare un po' di ricchezza: come i manigoldi per strada che prima vi fanno vincere un po' al gioco delle tre carte poi, quando pensate di aver capito come funziona il tutto, iniziate a scommettere forte e li potrebbe iniziare la vostra rovina.

- Infine, aggiornate costantemente il vostro antivirus; fate almeno una scansione completa alla settimana; lasciate costantemente attivato il firewall, utilizzate con frequenza un anti-spyware e, ogni tanto, fate passare un antivirus on-line. Prestate attenzione ai segnali provenienti dal vostro PC e non lasciate mai in linea il file contente le password per l'accesso ai conti bancari.

10.4 Conclusioni

La situazione riguardo virus, bufale e truffe su Internet è in continua evoluzione e ovviamente un libro non può rispondere in modo adeguato a tutte le novità che giornalmente si susseguono.

Allora non rimane che mettere in atto una attenta strategia di difesa, che deve basarsi su alcuni comportamenti di attenzione.

Questo in aggiunta agli antivirus, firewall e tutto quanto detto fino ad ora.

A) Babbo natale non esiste. Nemmeno su Internet (anche se trovate una bella definizione su Wikipedia). E allora, perché vi fidate ciecamente di chi vi offre il 40 del proprio capitale (solitamente milioni di dollàri, come direbbe Ollio) solo per far transitare la somma sul vostro conto? Ma se voi aveste una simile esigenza iniziereste a sparacchiare mail a caso per il mondo in cerca di qualcuno che possa darvi una mano? Andiamo....

11 Alcuni Testi Consigliati

Ecco alcuni testi, senza nessuna pretesa di esaurire la vasta manualistica esistente. In generale fatevi consigliare dal vostro libraio, sfogliate i manuali per capire se sono adatti alle vostre esigenze. Se quello che vi serve è una guida di consultazione rapida andrà benissimo un libro leggero e facile da consultare, mentre se avete l'obiettivo di costruire un piano di marketing complesso, allora vi suggerisco di acquistare un manuale specifico per il vostro problema. Spesso questi manuali (dal titolo "Il budget con Excel") hanno un CD allegato, da cui potete trarre numerosi esempi. Mi sono limitato a segnalare i manuali generici.

Office 2003 – ed. Apogeo – serie pocket, €7,20: breve compendio degli strumenti Microsoft Office.

Office per XP – ed. Apogeo – serie Laboratorio, € 19,00: Manuale approfondito sull'utilizzo di Office per XP.

Office XP for Dummies – ed. Apogeo, € 9,81: Manuale di consultazione veloce per Office.

Office XP a colpo d'occhio – ed. Mondatori Informatica MS Press.

Usare Microsoft oltre ogni limite – ed. Microsoft Press – Mondatori: Manuale completo per l'utilizzo di Microsoft Office.

Menzione speciale.
Per la sicurezza informatica, sulle possibili configurazioni per rafforzare la sicurezza del proprio computer, consiglio un testo che, nella sua semplicità e nel linguaggio semplice e immediato, merita una particolare attenzione:

L'acchiappavirus - Paolo Attivissimo - Ed. Apogeo Pocket. € 7,20.
Il testo spiega come trarre il massimo dagli strumenti normalmente utilizzati, e come prevenire le varie tipologie di attacchi provenienti dal

WEB, fornendo utili consigli sugli strumenti da utilizzare e come reperirli in rete.

Inoltre potete visitare il sito di Paolo Attivissimo: www.attivissimo.net. Io lo uso spessissimo, ogni volta che mi arriva una catena di S. Antonio o qualche altra informazione via e-mail, per verificarne la attendibilità. Il sito è Pizzaware (prego consultare il sito), come dice lo stesso Attivissimo.

12 Glossario

Senza avere la pretesa di essere esaustivo, riporto alcune voci di uso comune con una breve spiegazione, sperando di aiutare chi legge a comprendere meglio l'utilizzo del computer.

Driver: software che consentono di utilizzare un dispositivo da parte del PC. Senza il driver corretto, ad esempio, non potremmo stampare nulla sulla nostra stampante, oppure, utilizzando un driver non corretto, stampare una serie di caratteri senza senso. Esistono driver specifici per ogni dispositivo collegato al nostro PC: driver per il mouse, per il video, per la porta infrarossi, per la videocamera, etc.

Dual Core: tecnologia costruttiva dei processori che ingloba nello stesso chip due unità di calcolo (core). Tecnologicamente era possibile aumentare ancora le velocità dei processori, ma il surriscaldamento dell'unità era difficilmente contenibile e portava al blocco del processore. Così Intel, e in seguito AMD, ha studiato il modo di utilizzare due processori sullo stesso componente. Il sistema operativo può dirottare alcune operazioni su di un core piuttosto che su di un altro, ottenendo prestazioni migliori anche a velocità del processore più basse.
Per essere pienamente sfruttati, questi processori hanno bisogno di sistemi operativi e programmi progettati per il funzionamento con il dual core, ma Windows XP con SP2 (Service Pack 2) è comunque in grado di utilizzare i due core in modo piuttosto efficiente.

Eseguibile: programma codificato in linguaggio-macchina, comprensibile dal computer, in quanto in linguaggio binario, e comprensivo di tutte le chiamate (al BIOS, API, etc.) per operazioni di input/output che ne consentono una piena autonomia nella esecuzione. Per ottenere un eseguibile è necessario, in genere, *compilare* il programma (in formato sorgente) con un programma che si chiama *compilatore.*

Estensione: è una sigla di 3 caratteri che identifica il tipo di file. In Windows XP purtroppo non è più possibile vedere esplicitamente l'estensione dei file, che diventa visibile solo utilizzando la finestra "DOS". Ogni tipo di file ha una estensione che lo caratterizza, così i file di documenti Word hanno estensioni DOC, quelli Excel XLS, i file di testo hanno estensione TXT, etc.
Le estensioni possibili sono ormai tantissime, come potete vedere andando su Pannello di Controllo, dal menù **start**, selezionando la scelta **Opzioni Cartella**, e all'interno di questa **tipi di file**. Chi desiderasse conoscere il significato e la funzione di una estensione può verificarne il significato e la tipologia su www.filext.com.

File: un file è un insieme omogeneo di bit, interpretabile dal Sistema Operativo come una unità logicamente congruente. Un file è un documento Word, un film, una canzone (sia nel formato mp3 che nel formato audio originale), una foto. Un file può essere un programma (Word, Excel, e in questo caso si tratta di un file eseguibile) o un file di dati, contenente, ad esempio, la nostra agenda dei numeri telefonici, l'archivio clienti di una ditta o dei conti correnti di una banca.

Metalinguaggio: Un metalinguaggio è un linguaggio intermedio tra il nostro linguaggio naturale e il linguaggio conosciuto dal computer (linguaggio binario). Il programmatore (o l'utente), utilizza il metalinguaggio relativo al tipo di risultato cercato, al tipo di software usato e idoneo per la piattaforma utilizzata.
Viene quindi utilizzato il C, il Cobol, l'XML, etc., in funzione del risultato voluto.

Microprocessore: detto anche CPU (Central Processing Unit) è la parte più importante del PC, il vero e proprio motore. La frequenza del Microprocessore indica la sua velocità di funzionamento. Più la frequenza è alta, più è veloce il processore a trattare le informazioni. La velocità di funzionamento del processore si misura in MHz (megahertz), che equivale a un milione di "battiti" (vibrazioni elettriche) al secondo.

Multitasking: modalità operativa in cui il processore di un computer esegue più programmi contemporaneamente. In effetti viene eseguito un solo programma per volta all'interno del processore, ma viene dedicata una frazione di tempo a ciascun programma in esecuzione. In questo modo è possibile eseguire una scansione del disco rigido, scaricare un aggiornamento da Internet, stampare un documento, e contemporaneamente giocare a Free Cell. So che molti prediligono solo l'ultima operazione, però se avete anche altro da fare, un sistema multitasking vi aiuta a farlo più in fretta.

Open Source: Software utilizzabile gratuitamente, a patto di rispettare le regole della comunità software, che impongono di rendere disponibili i sorgenti del software e tutte le modifiche / migliorie apportate.

Parallelo: E' una modalità di trasferimento delle informazioni, che vengono trasferite, tra componenti diversi, non in modo sequenziale (seriale), ma appunto in parallelo: cioè più informazioni, o pacchetti di informazioni, vengono trasferite contemporaneamente.

RAM (Random Access Memory): è la memoria centrale del Computer, che viene utilizzata per elaborare le informazioni necessarie ai programmi, e i programmi stessi. Windows, specie nella versione XP, utilizza molta RAM, per cui è necessario avere PC dotati di grandi quantità di RAM, specialmente se si utilizzano anche software per la gestione della grafica.

Seriale: è una modalità di trasferimento dei dati all'interno del computer. I dati (le informazioni) viaggiano in modo seriale quando vengono spediti uno dopo l'altro, in sequenza. In genere la modalità seriale è più lenta, ma più robusta e più affidabile.

S.O. (Sistemi operativi): sono software di base, che vengono caricati nella fase di partenza del PC, e che servono come base per l'utilizzo di altri software (Word Processor, contabilità, giochi, etc.). I Sistemi Operativi possono essere "proprietari" come Windows, oppure open-source, come Linux.

Sorgenti: Un sorgente è un programma scritto in uno dei tanti metalinguaggi, in cui sono codificate delle istruzioni che impartiscono comandi ad un computer. Ad esempio, sono linguaggi: C, Pascal, Visual Basic, Java, PHP, etc., e la lettura di un programma scritto in uno di questi metalinguaggi è in genere comprensibile da un programmatore. Per essere eseguito dal computer il sorgente deve essere trasformato in un formato **eseguibile**, cosa che generalmente viene fatta da un particolare programma detto **compilatore**. Esistono compilatori per ogni tipo di linguaggio. Alcuni metalinguaggi non vengono compilati ma interpretati, processo più semplice, che è utilizzato di solito per i linguaggi meno performanti (come il vecchio Basic).

Open Source: Software utilizzabile gratuitamente, a patto di rispettare le regole della comunità software, che impongono di rendere disponibili i sorgenti del software e tutte le modifiche / migliorie apportate.

Dimensioni utilizzate in informatica

Per quanto riguarda le dimensioni in multipli dei Byte, dato l'attuale incremento delle memorie, e il crescente bisogno di memorizzazione ormai inarrestabile, si affacciano misure di cui forse non abbiamo ancora sentito parlare, ma sono certo entreranno presto nel lessico comune.
La prima tabella vi mostra le unità di misura, così come abitualmente vengono chiamate. Il Kilobyte, ad esempio, è sinonimo di 1000 Byte, e viene indicato, in notazione decimale, come 10^3.

Multipli del Byte		
Prefissi SI		
Nome	Simbolo	Multiplo
kilobyte	kB	10^3
megabyte	MB	10^6
gigabyte	GB	10^9
terabyte	TB	10^{12}
petabyte	PB	10^{15}
exabyte	EB	10^{18}
zettabyte	ZB	10^{21}
yottabyte	YB	10^{24}

Però sappiamo che il computer ragiona in logica binaria, e che in effetti, quello che siamo abituati a nominare come 1kB, rappresenta realmente 1024 Byte. Per cui vi propongo questa seconda tabellina, che è decisamente più precisa della prima, ma anche assolutamente non applicata.

Multipli del Byte		
Prefissi Binari		
Nome	Simbolo	Multiplo
kibibyte	KiB	2^{10}
mebibyte	MiB	2^{20}
gibibyte	GiB	2^{30}
tebibyte	TiB	2^{40}
pebibyte	PiB	2^{50}
exbibyte	EiB	2^{60}
zebibyte	ZiB	2^{70}
yobibyte	YiB	2^{80}

Infine, se si desidera conoscere il significato di una estensione è possibile verificarne il significato e la tipologia su www.filext.com, mentre se avete interesse in altre parole non comprese in questo piccolo glossario, potete provare a cercare su questo sito: http://glossario.computer-idea.it/ ma ne esistono altri in rete, basta cercarli.

Per ogni suggerimento:
claudio@andreano.biz
www.andreano.biz

www.ingramcontent.com/pod-product-compliance
Lightning Source LLC
Chambersburg PA
CBHW051237050326
40689CB00007B/952